HEEL

TISCHDEKORATIONEN
AUS OBST UND GEMÜSE ZUM SELBERMACHEN

HEEL

IMPRESSUM

HEEL Verlag GmbH
Gut Pottscheidt
53639 Königswinter
Telefon: 0 22 23 / 92 30-0
Telefax: 0 22 23 / 92 30-13
Internet: www.heel-verlag.de
E-mail: info@heel-verlag.de

© 2012 HEEL Verlag GmbH, Königswinter

Autoren: Angkana und Alex Neumayer

Grafik: Maurizio Pennucci, enowa Deutschland GmbH

Lektorat: Petra Hundacker

Fotos: Helge Pohl, Bergisch Gladbach

Gesamtherstellung: Print Consult GmbH, München/Germany

— Alle Angaben ohne Gewähr —

ISBN: 978-3-86852-004-0

Alle Rechte, auch die des Nachdrucks, der Wiedergabe in jeder Form und der Übersetzung in andere Sprachen, behält sich der Herausgeber vor. Es ist ohne schriftliche Genehmigung des Verlages nicht erlaubt, das Buch und Teile daraus auf fotomechanischem Weg zu vervielfältigen oder unter Verwendung elektronischer bzw. mechanischer Systeme zu speichern, systematisch auszuwerten oder zu verbreiten.

DANKSAGUNG

Wir bedanken uns bei unserem Fotografen Herrn Helge Pohl für seine Ideen und seine Kreativität, mit denen er die schönen Fotos gestaltet hat. Es war für uns eine äußerst interessante Zusammenarbeit.

Weiterhin bedanken wir uns bei Frau Petra Hundacker vom HEEL Verlag für ihren Einsatz und für die Koordination bei der Entstehung dieses Buches.

„Last but not least" möchten wir uns bei Christine und Peter Kelch, Geschäftsführer von Hill Metallwaren GmbH, für die Zusammenarbeit bei der Entwicklung neuer, qualitativ hochwertiger Schnitzwerkzeuge bedanken sowie für ihre Ideen bei der Konzeption dieses Buches.

TISCHDEKORATIONEN AUS OBST UND GEMÜSE

INHALT

Vorwort   07

01

EINE EINFÜHRUNG   10
Einkaufen ... aber wie?   12
Nützliche Helfer   13
Das passende Schnitzwerkzeug   14

02

DIE BASICS   18
Margeriten & Co.   20
Ringelblumen, Edelweiß und ähnliche
Blüten   26
Blumenblätter   32
Dahlien   36
Seerosen & Löwenzahn   42
Sternblumen   48
Leichte Tellerdekorationen   54
Cocktail-Deko einmal anders   60

INHALTSVERZEICHNIS

KLEINE KUNSTWERKE 62

Frühling
Frühlingsgrüße	64
Gentleman im Frack	70

Sommer
Das Korallenriff	74
Das Schnitzen von Melonen	80
Früchteschale aus einer Wassermelone	82
Melonenblüte aus einer Honigmelone	86

Herbst
Herbstzeit ist Kürbiszeit	92
Hexenzauber auf dem Kürbis	94
Igel aus Kürbis	96
Mond aus Kürbis	100

Winter
Weihnachtsmelone	104
Kleiner Weihnachtswichtel	108
Die Schneeflocke	112

Karneval
Karneval in Venedig	116

DIE VORLAGEN 122

Fische	122
Glocken und Sonne	123
Mond und Maske	124
Hexe	125

03

VORWORT

Ihre Wurzeln hat die Kunst des Obst- und Gemüseschnitzens zwar im asiatischen Raum, aber auch bei uns wird die Herstellung filigraner essbarer Dekorationsobjekte immer mehr zum Trend. Nicht nur in der Gastronomie, auch Hobbyköche zaubern mit viel Spaß und Enthusiasmus außergewöhnliche, kreative Dekorationen für Tisch und Teller, um damit ihre Gäste zu überraschen.

Im Gegensatz zu den traditionellen Dekorationen in der Kochkunst, die beispielsweise aus Zucker, Schokolade oder Marzipan sehr aufwändig hergestellt werden müssen, ist das Schnitzen mit Obst und Gemüse für jedermann mit etwas Geduld relativ leicht erlernbar. Mit ein wenig Übung ist es auch mit weit geringerem Zeit-, Material- und Werkzeugaufwand verbunden als andere selbst gefertigte Dekorationen. Wenn Sie wissen, wie es funktioniert, sind oft nur ein paar Schnitte erforderlich – und schon halten Sie ein kleines Kunstwerk in den Händen!

Zusätzlich verleiht geschnitztes Obst und Gemüse, ob beispielsweise als handgeschnitzter Blumenstrauß oder in Form einer Melonenschale mit Früchten, jedem Tisch eine angenehm frische Atmosphäre. Zu allen Jahreszeiten lassen sich mit den saisonal erhältlichen Obst- und Gemüsesorten Figuren für die verschiedensten Anlässe gestalten.

Egal, ob Profi- oder Hobbykoch – jeder, der gerne mit Lebensmitteln dekoriert, kann mit dem vorliegenden Buch erlernen, wie attraktive Dekorationen für Teller, Tische und Büffets selbst hergestellt werden können.

Wir hoffen, dass Sie sich von unseren Ideen inspirieren lassen und wir Ihre Kreativität wecken können – vielleicht wird das Dekorieren mit Obst und Gemüse ja auch zu Ihrem Hobby.

Mit Schritt-für-Schritt-Anleitungen und zahlreichen Tipps wollen wir angehenden Schnitzerinnen und Schnitzern die ersten Etappen auf dem Weg zum Erfolg so einfach wie möglich gestalten. Das Buch soll zum einen das Basiswissen verschiedener Techniken vermitteln – dazu gehört die Herstellung einfacher Blüten, Muster und kleiner Dekorationen für Teller und Gläser. Ein weiterer Schwerpunkt sind einfach geschnitzte Melonen und Kürbismotive. Kleine Kunstwerke für verschiedene saisonale Anlässe von einfachen bis zu mittleren Schwierigkeitsgraden runden diese Einführung in die Kunst des Obst- und Gemüseschnitzens ab.

Wir wünschen Ihnen viel Spaß beim Schnitzen!

Angkana & Alex Neumayer

TISCHDEKORATIONEN AUS OBST UND GEMÜSE

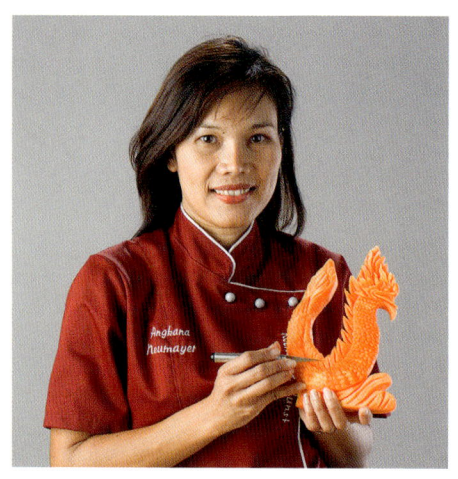

ANGKANA NEUMAYER

ist Thailänderin. Sie studierte Tourismus und erlernte das Obst- und Gemüseschnitzen bei einigen der renommiertesten Schnitzern ihrer Heimat. Ihrer natürlichen Begabung ist es zu verdanken, dass die Schnitzkunst für sie weit mehr als nur ein Hobby wurde.

ALEX NEUMAYER

war für sieben Jahre in verschiedenen thailändischen 5-Sterne-Hotels (Central Plaza Hotel in Bangkok und dem Westin Hotel in Chiang Mai) als Küchenchef tätig. Seine vielfältigen künstlerischen Interessen reichen zurück bis in seine Jugendzeit. Er malte in Öl, modellierte Skulpturen, schnitzte Eisplastiken – und Obst und Gemüse.

Angkana und Alex Neumayer betreiben gemeinsam die Firma Kochen & Kunst (weitere Informationen auf: www.kochenundkunst.at) und geben ihre Erfahrungen in Kursen und Seminaren weiter. Ob es nun das Obst- und Gemüseschnitzen ist, die Zubereitung diverser asiatischer Küchen oder die Gestaltung unterschiedlichster Büffetdekorationen – die Kursteilnehmer kommen aus vielen Ländern Europas, um einen Einblick in die Kreativität und die Kunstfertigkeit der Neumayers zu bekommen und etwas von ihrem Wissen mit nach Hause zu nehmen. Und dabei merkt man den beiden an, wie viel Spaß es ihnen macht, ihre Kunstwerke vor den staunenden Augen der Betrachter entstehen zu lassen und ihr Können weiterzugeben.

VORWORT

Angkana und Alex Neumayer haben an zahlreichen internationalen Kochkunst-Wettbewerben teilgenommen (Hofex in Hongkong, Culinary Challenge Bangkok, Thailand, IKKA Salzburg, Kochkunstausstellung Klub der Köche Pittental/NÖ, Intergastra Stuttgart, Zagg Luzern, ACF Culinary Salon Honolulu, USA, sowie die beiden unten stehenden Großereignisse) und sind vielfach ausgezeichnet worden. Zu ihren größten Erfolgen zählen fünf Goldmedaillen, die sie bei den beiden weltweit größten Kochkunst-Wettbewerben gewonnen haben: Die „Olympiade der Köche" konnten sie dreimal für sich entscheiden und aus dem „Culinary World Cup" in Luxemburg gingen sie zweimal erfolgreich hervor.

01 EINE EINFÜHRUNG
DIE HERKUNFT DES OBST- UND GEMÜSESCHNITZENS

Ursprünglich stammt die Kunst des Obst- und Gemüseschnitzens aus dem Fernen Osten. In China wurden schon vor über 1000 Jahren dekorative Figuren aus Obst und Gemüse mit der Hand geschnitzt. Von dort aus verbreitete sich diese Tradition auch auf die Nachbarländer. In unseren Tagen sind es die Schnitzereien der Chinesen und Thailänder, die wegen ihrer feinen, detaillierten Ausarbeitung weltweit am meisten geschätzt werden.

Natürlich gibt es auch in der Gemüseschnitzerei länderspezifische Unterschiede. So werden in China sehr häufig figurative Objekte geschnitzt, wie zum Beispiel Tiere, Ornamente oder menschliche Figuren. Die Chinesen verwenden dazu ein Schnitzset aus unterschiedlich geformten Messern in verschiedenen Größen sowie ein Gemüsemesser.

Die Thailänder sind die Meister der feinen Schnitzkunst. Bevorzugte Motive sind hier Blumen und Blüten aus Gemüse, aber auch aus den verschiedensten Früchten. In der thailändischen Schnitztradition verwendet man nur ein einziges Messer, das sogenannte Thaimesser.

Die Thai-Schnitzkunst ist wesentlich zeitaufwändiger und für uns Europäer auch schwieriger zu erlernen. Aus diesem Grund orientiert sich diese Einführung in die Schnitzkunst an Motiven, die mit chinesischen Schnitzmessern hergestellt werden können. Damit lassen sich relativ schnell die wunderbarsten Objekte zaubern. Für manche Schnitzmuster benötigen Sie sowohl ein Thaimesser als auch chinesische Schnitzmesser.

Äußerst beliebt sind auch die verschiedensten Ausstecher, mit denen Sie zügig arbeiten können, wodurch größere Mengen von Dekorationsobjekten in recht kurzer Zeit hergestellt werden können.

01 EINE EINFÜHRUNG

EINKAUFEN... ABER WIE?

Zwei Kriterien sollten Sie von Anfang an beachten, um optimale Ergebnisse zu erzielen:

1) Die Auswahl und Beschaffenheit des Gemüses und der Früchte.
2) Die Auswahl der geeigneten Schnitzwerkzeuge.

Gemüse und Früchte sollten gut geformt sein, keine Dellen aufweisen, schön frisch und fest sein. Vor allem bei Melonen, Mangos und Papayas müssen Sie darauf achten, dass die Früchte so unreif wie möglich sind. Je fester und frischer die Frucht, desto einfacher ist sie zu schnitzen – und umso länger hält sie sich auch frisch.

GEEIGNETES GEMÜSE

Das Gemüse muss schön fest sein, Sie sollten weder schwammige Sorten verwenden noch Gemüsesorten, die sich schnell verfärben, wie beispielsweise Kartoffeln. Hervorragend geeignet sind: Kürbisse, Kohlrabi, Karotten, Rettiche, Radieschen, Zucchini, Rote Rüben etc.

PASSENDE FRÜCHTE

Eigentlich kann man alle Früchte verwenden, die schön fest sind und keine allzu starke Faserung haben. Gut geeignet sind alle Arten von Melonen, Mangos, Papayas, feste Nektarinen und Pfirsiche. Sie können aber auch auf Äpfel und Birnen zurückgreifen, allerdings sind diese Früchte aufgrund ihrer schnellen Verfärbung etwas kurzlebiger, denn auch wenn sie mit Säure behandelt werden, halten sie meist nicht länger als einen Tag.

WOHIN MIT DEN KUNSTWERKEN?

Geschnitzte/es Gemüse kann/können gleich nach dem Schnitzen in einen Behälter mit kaltem Wasser gelegt werden. Manche Sorten, wie Radieschen, Rettich oder Kohlrabi, lassen sich tagelang im Kühlschrank in kaltem Wasser aufbewahren. Das Wasser sollte jedoch jeden Tag gewechselt werden. Sorten, die schnell weich oder matschig werden, wie beispielsweise Kürbisse oder Zucchini, wickeln Sie am besten in Frischhaltefolie oder legen sie in einen geschlossenen Behälter mit feuchtem Küchenpapier.

NÜTZLICHE TIPPS

Früchte, mit Ausnahme von Äpfeln und Birnen, werden nach dem Schnitzen in Frischhaltefolie verpackt und gekühlt gelagert. Äpfel und Birnen legen Sie in ein Säurebad (Zitronensaft mit Wasser) oder besprühen sie mit einem Säurespray (erhältlich im Fachhandel für Obst & Gemüseschnitzwerkzeuge).

Wenn Sie Büffets oder Tische mit geschnitztem Obst und Gemüse dekorieren möchten, sollten Sie die Objekte alle halbe Stunde mit Hilfe einer Sprühflasche befeuchten, um ihr Austrocknen zu vermeiden. Stellen Sie die geschnitzten Gemüsekunstwerke sofort nach ihrem Einsatz in kaltem Wasser in den Kühlschrank, dann sieht das Meiste am nächsten Morgen aus, als wäre es frisch geschnitzt.
Die Früchte sollten Sie nochmals gut besprühen und wieder in Frischhaltefolie wickeln, ehe Sie sie in den Kühlschrank legen. Auf diese Art können auch Melonen bis zu vier Tage lang zur Präsentation verwendet werden.

NICHT FÜR DIE EWIGKEIT

Vorausgesetzt Sie verwenden zum Schnitzen richtig frische, feste Gemüsesorten und Früchte, dann können Sie die Dekorationen in geschnitztem Zustand lange Zeit frisch halten.

Überaus langlebig sind geschnitzte Kürbisse, die gut gekühlt bis zu zwei Wochen haltbar sind. Kohlrabi, Rettich, Radieschen oder Karotten können Sie eine gute Woche aufbewahren. Honig- und Wassermelonen behalten in der Regel bis zu einer Woche lang ihre Form, Zuckermelonen etwas kürzer. Mangos und reife Papayas halten sich dagegen nur wenige Tage lang frisch.

NÜTZLICHE HELFER

Die folgenden Utensilien sollten Sie bereit halten, wenn Sie mit dem Schnitzen starten möchten:

- Schneidebrett
- 1 Behälter mit kaltem Wasser (für das geschnitzte Gemüse)
- Abfallbehälter
- Frischhaltefolie (für die geschnitzten Früchte)
- Küchenmesser oder Gemüsemesser
- 1 Gemüseschäler (dann lassen sich die nicht verwendeten Bestandteile zum Kochen einsetzen)
- Zahnstocher/Holzspieße
- 1 Kürbislöffel (zum Aushöhlen ganzer Kürbisse oder Melonen)
- Nach Geschmack Utensilien zum Garnieren und Dekorieren
- Ausstecher nach Wahl
- Schnitzwerkzeuge (Thaimesser, Schnitzmesser-Set mit Schleifer)
- Gemüsekleber (erhältlich im Fachhandel)

01 EINE EINFÜHRUNG

DAS PASSENDE SCHNITZWERKZEUG

Mittlerweile werden die verschiedensten Werkzeuge zum Dekorieren und Schnitzen angeboten. Sie kommen meist aus Asien, neuerdings werden aber auch in Europa Schnitzsets hergestellt. Und wie bei allen Küchenwerkzeugen gibt es auch bei diesen Produkten große Qualitätsunterschiede. Preisgünstiges Werkzeug hat häufig qualitative Mängel, die das Schnitzen erschweren können.

Die Auswahl des Schnitzmesser-Sets und des Dekorationsmaterials, mit denen Sie arbeiten möchten, müssen Sie selbst treffen, genauso wie die Entscheidung, ob Sie Ausstecher oder ausschließlich Messer benutzen möchten. Zunächst sollten Sie überlegen, was Sie schnitzen wollen. Kleine Gemüseobjekte oder ganze Melonen und Kürbisse? Erst wenn diese Frage beantwortet ist, können Sie die Größe und Beschaffenheit des Schnitzsets auswählen.

DAS RICHTIGE WERKZEUG & SEINE VERWENDUNG

Obst- und Gemüseschnitzen funktioniert und macht nur mit geeignetem und scharfem Werkzeug Spaß. Doch Vorsicht – Schärfe birgt Verletzungsgefahr! Achten Sie beim Kauf auf scharfe, gratfreie Klingen, die Obst und Gemüse sauber schneiden und dem Anwender keine Verletzungen zufügen können. Die Schneiden sollten gleichmäßig verlaufen, während die nicht schneidenden Seiten abgestumpft sind.

Die Qualität der Schnitzmesser zeigt sich in ihrer Stabilität. Um sicher zu sein, dass die Messer ihre Form behalten und die Schärfe möglichst lange erhalten bleibt, sollten die Funktionsteile aus gehärtetem Stahl gefertigt sein. Ebenso wichtig sind die Kriterien rostfrei und säurebeständig gegenüber aggressiven Fruchtsäuren.

Es gibt inzwischen viele Schnitzmesser-Garnituren, die je nach Umfang unterschiedlich geformte Schneiden in mehreren Größen enthalten. Je mehr **Spezialmesser** zur Verfügung stehen, umso interessanter lassen sich Blüten, Figuren und Skulpturen gestalten. Durch die Verwendung verschieden großer Schneiden im gleichen Profil entsteht ein perspektivischer Eindruck und interessanter Effekt.

PASSENDES WERKZEUG

Kerbmesser dienen dazu, runde oder spitze Kerben einfach und gleichmäßig in das Gemüse zu ziehen.

 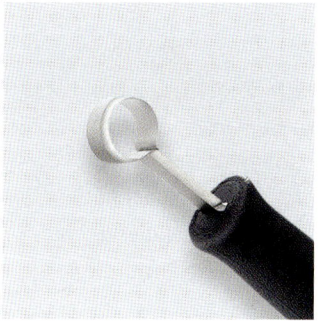 

Mit zusätzlichen Dekorierwerkzeugen wie **Kugelformern** in verschiedenen Größen oder dem **Spiralschneider** lassen sich außerdem interessante Effekte erzielen.

Karotten, Rettich, Kürbis und Kohlrabi sind feste Gemüse, für die ein gewisser Kraftaufwand notwendig ist. Ein stabiler, rutschfester Griff erleichtert die Führung der Messer und ermöglicht erst präzises Arbeiten. Er gibt dem Anwender Halt und vermindert damit die Verletzungsgefahr. Achten Sie auf die richtige Haltung des Schnitzmessers und schnitzen Sie immer vom Körper weg.

Das traditionelle **Thaimesser** besitzt eine Klinge. Wir arbeiten mit dem neu entwickelten **Thaimesser** mit zwei Klingen. Die symmetrisch spitze Klinge ist leicht flexibel, einseitig geschärft und wird vorwiegend für die feinen Schnitte in den Thai-Schnitzmustern eingesetzt. Die zweite Klinge ist einseitig hohl geschliffen und eignet sich besonders für kurvige Schnitte und figurative Aspekte.

01 EINE EINFÜHRUNG

Der Schleifer sollte immer passend zum Schnitzset gekauft werden, weil er vom Hersteller stets auf die Formen der einzelnen Schnitzmesser abgestimmt wird. So kommt man beim Schleifen gut in alle Rillen der Messer.

Das Arbeiten mit **Ausstechern** spart sehr viel Zeit. In relativ kurzer Arbeitszeit können Sie damit beachtliche Mengen geschnitzter Objekte herstellen. Stechen Sie ca. 1 cm dicke Scheiben Obst oder Gemüse aus, um so die Grundform des Objektes festzulegen. Mit den Schnitzmessern schnitzen Sie anschließend noch Einkerbungen und Details hinein – und schon sieht das fertige Objekt für den Betrachter aus als wäre es handgeschnitzt.

Die in diesem Buch verwendeten Werkzeuge sind hier auf der rechten Seite zusammengestellt.

PASSENDES WERKZEUG

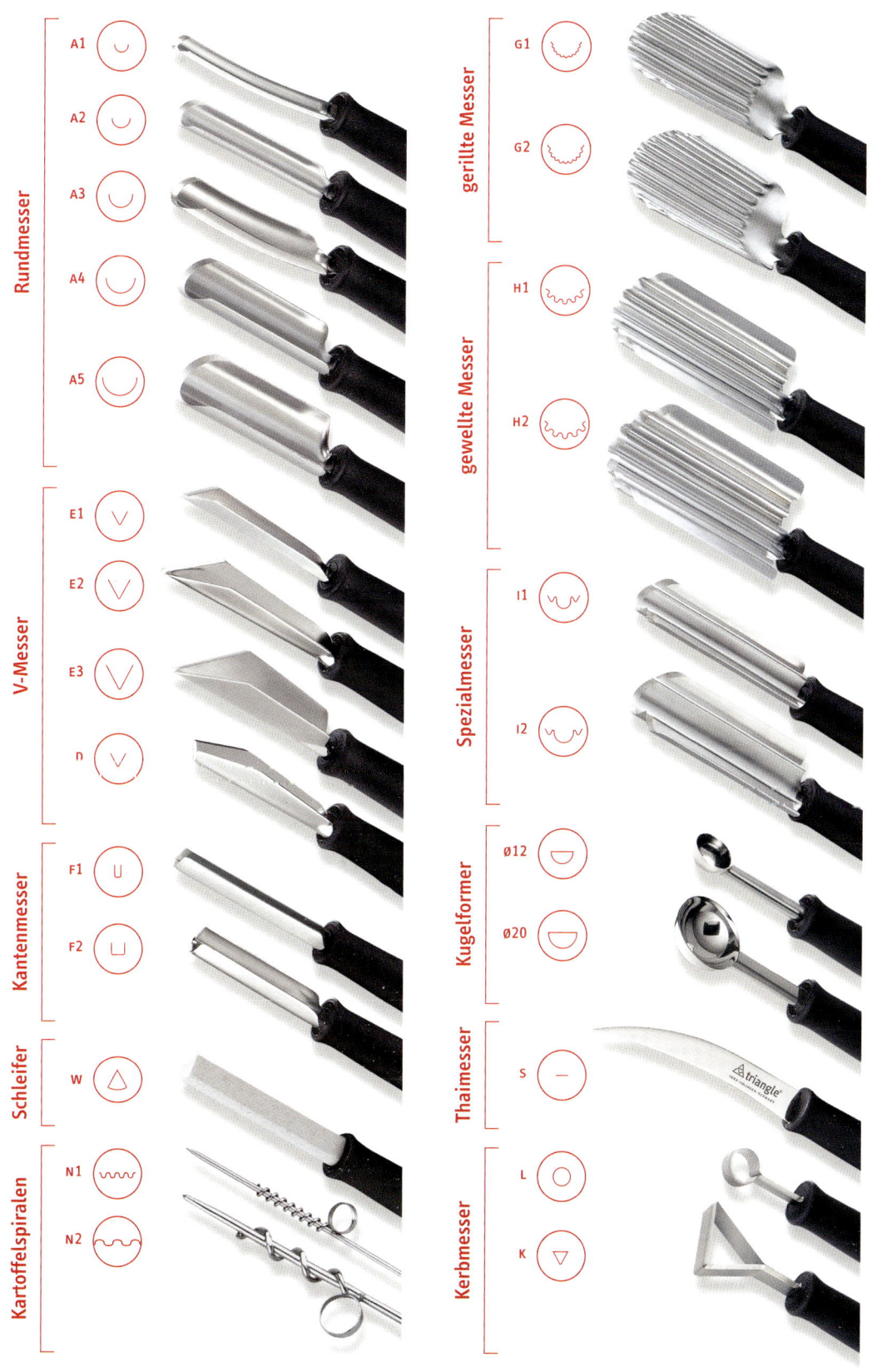

02 DIE BASICS
BLÜTEN UND BLÄTTER – SCHÖNE OBJEKTE FÜR DEN EINSTIEG

Um beim Gemüseschnitzen ansprechende Ergebnisse zu erzielen, ist es ganz wichtig, Schritt für Schritt vorzugehen. Auch wenn Sie im Umgang mit Küchenmessern versiert sind, kann die Arbeit mit dem Gemüseschnitzwerkzeug anfangs etwas Mühe bereiten. Es unterscheidet sich in der Handhabung, denn die Schnitzbewegung mit den Messern verläuft immer vom Körper weg.

Deshalb sollten Sie sich Zeit lassen, nichts überstürzen und einfach mit den Basiselementen beginnen und diese erst nach und nach weiterentwickeln. Wenn die Grundlage stimmt, dann stellt sich auch bald der Erfolg ein und Sie kommen immer zügiger voran – und werden recht schnell an den Punkt gelangen, an dem Sie immer mehr eigene Ideen einfließen lassen können.

Blüten- und Blättermotive eignen sich besonders gut, um Basisübungen und die Handhabung des Schnitzmessers zu erlernen. Da Sie beim Schnitzen von Blüten und Blättern nicht auf Proportionen und Formen achten müssen, wie beispielsweise bei der Herstellung von Tieren, richtet sich die Konzentration ausschließlich auf die Technik und die Haltung der Schnitzwerkzeuge.

Für ungeübte Schnitzer ist es einfacher, zuerst mit unterschiedlichen Gemüsesorten zu experimentieren und die Techniken zu erlernen als mit den weicheren Früchten. Natürlich können alle hier gezeigten Schnitzmuster auch mit Früchten realisiert werden.

MARGERITEN & CO.

Diese einfachen, einreihigen Blüten eignen sich sehr gut für den Einstieg in die Kunst des Obst- und Gemüseschnitzens und dienen zur Übung und Gewöhnung an die Schnitzmesser. Sie setzen als Tisch-, Teller- oder Gläserdekorationen fantastische Akzente. Die verschiedensten Schnitzmesser lassen sich bei diesen Motiven beliebig miteinander kombinieren, und Sie können mit nur einer einzigen Schnitztechnik ganz unterschiedliche Blüten gestalten. Für die Blütenpracht eignen sich alle Arten von festem Gemüse und Früchten.

Schwierigkeitsgrad: ★ ☆ ☆

Verwendetes Werkzeug
für Blüte Variante 1

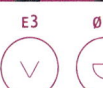

E3   Ø12

BLÜTE VARIANTE 1

01. Sie benötigen eine ca. 1 cm dicke Scheibe einer beliebigen festen Gemüse-/Obstsorte. Sollte die Scheibe nicht rund sein, ist es hilfreich, sie zuerst mit einem runden Ausstecher in Form zu bringen. (Weitere Informationen zu den Ausstechern finden Sie auf der Seite 16) Je gleichmäßiger und symmetrischer die Anfangsform, desto einfacher ist es, daraus ebenmäßige Blüten zu schnitzen.

02. Schnitzen Sie mit dem **V-Messer (E3)** in einem Abstand von ca. 1 cm bis zur Mitte Einkerbungen ein. Achten Sie darauf, dass sich die Kerben in der Mitte treffen und ihre Abstände und die Tiefe gleichmäßig verlaufen.

03. Stechen Sie genau hinter den ersten Einkerbungen mit demselben Messer in etwas größerem Winkel zum Gemüse schräg nach innen durch. Dabei müssen Sie darauf achten, dass zwischen den so herausgearbeiteten Blütenblättern kein Abstand entsteht und sich die Schnitte treffen.

04. Brechen Sie den Rand vorsichtig weg und erzeugen Sie mit Hilfe des **Kugelformers (Ø 12)** die Blütenmitte.

01

02
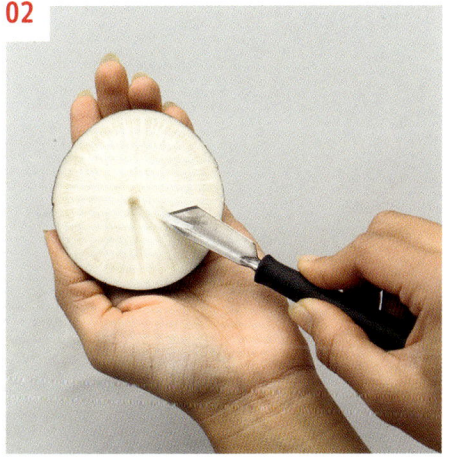

03

04

02 DIE BASICS

Verwendetes Werkzeug für Blüte Variante 2

E2 I1

01

02

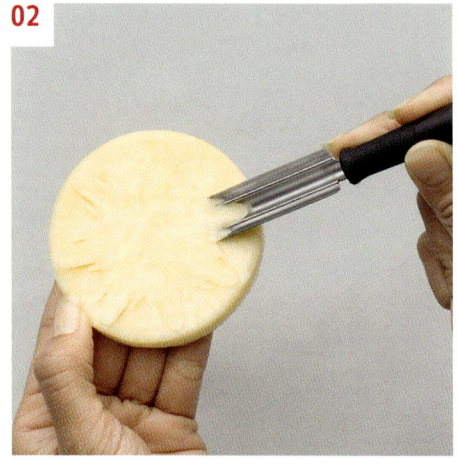

03

04

BLÜTE VARIANTE 2

01. Auch für diese Variante benötigen Sie eine etwa 1 cm dicke runde Scheibe einer Gemüse-/Obstsorte Ihrer Wahl.

02. Stechen Sie mit dem **Spezialmesser (I1)** schräg nach innen gerichtet durch die Gemüsescheibe. Achten Sie wieder darauf, dass zwischen den einzelnen Schnitten keine Abstände entstehen.

03. Brechen Sie den Rand vorsichtig von der Blüte weg.

04. Schnitzen Sie mit einem **V-Messer (E1 oder E2)** die Einkerbungen zwischen den Blütenblättern hinein.

Schwierigkeitsgrad: ★ ☆ ☆

Verwendetes Werkzeug
für Blüte Variante 3

A3   Ø12

05

05. Setzen Sie eine andersfarbige kleinere Blüte (Variante 1) mit einem Zahnstocher ins Zentrum der Blüte.

BLÜTE VARIANTE 3

01. Beginnen Sie wieder mit einer ca. 1 cm runden Scheibe einer festen Gemüse-/Obstsorte Ihrer Wahl.

02. Formen Sie in der Mitte der Blüte einen Ring, indem Sie mit dem **Rundmesser (A3)** etwa 3 mm tief vertikal in das Gemüse einstechen und das Messer dann drehen.

01

02

02 DIE BASICS

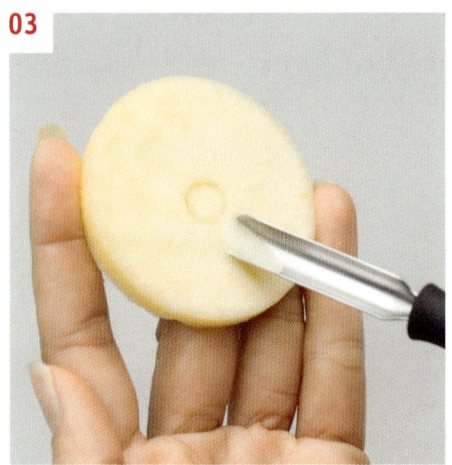

03. Diese sehr attraktive Margeritenblüte entsteht, indem Sie das **Rundmesser (A3)** entgegen der von Ihnen gewählten Schnitzrichtung drehen. Machen Sie eine Einkerbung zur Mitte hin und drehen Sie das Messer leicht gegen die Schnitzrichtung. Schnitzen Sie dabei nicht ganz zur Mitte, damit dieser Teil nicht herausbricht.

04. Schneiden Sie genau dahinter in einem größeren Winkel zur Gemüsescheibe so tief nach, bis Sie mit dem Messer unten durchstechen.

05. Schneiden Sie ab dem zweiten Blütenblatt die Einkerbungen soweit hinein, bis diese sich lösen.

06. Schneiden Sie wieder genau dahinter in einem größeren Winkel zur Gemüsescheibe die Form des Blütenblattes nach, und zwar so tief, bis Sie mit dem Messer unten durch die Scheibe durchstechen. Auf diese Art werden alle Blütenblätter geschnitzt.

MARGERITEN & CO.

07. Nach dem Ausschneiden des letzten Blütenblattes sollte sich die erste Einkerbung herauslösen lassen.

08./09. Brechen Sie den Rand weg und setzen Sie wieder ein Blütenzentrum ein.

10. Beispiele verschiedener Blüten, die mit dieser Schnitztechnik mit unterschiedlichen Rundmessern gefertigt wurden.

TIPP

Werden Sie selbst kreativ und kombinieren Sie verschiedene Blüten in unterschiedlicher Größe und Farbe zu einer attraktiven Blüte.

RINGELBLUMEN
EDELWEISS UND ÄHNLICHE BLÜTEN

Dieses Kapitel baut auf der Schnitztechnik auf, die im Abschnitt „Margeriten & Co." beschrieben wurde. Dort haben Sie die Basics des Obst- und Gemüseschnitzens anhand von einreihigen Blüten erlernt. Mit derselben Technik lassen sich auch zweireihige Blüten schnitzen, die Ihre Familie und Ihre Gäste begeistern werden. Dabei können Sie wieder die verschiedensten Schnitzmesser beliebig miteinander kombinieren, um damit unterschiedliche Blüten mit nur einer einzigen Schnitztechnik zu gestalten.

Schwierigkeitsgrad: ★ ☆ ☆

Verwendetes Werkzeug für Blüte Variante 1
Zusätzlich: Zahnstocher, Gemüsekleber

Die folgenden Beispiele sollen Ihnen zeigen, wie Sie auch mehrreihige Blüten selbst herstellen können. Es eignen sich dazu alle Sorten von festem Gemüse und Obst, besonders hübsch sehen diese Blüten aus, wenn verschiedenfarbige Gemüse/Früchte kombiniert werden.

BLÜTE VARIANTE 1

01. Verwenden Sie hierfür eine ca. 1½ cm dicke Scheibe einer festen Gemüse- oder Obstsorte Ihrer Wahl. Die Scheibe muss allerdings etwas dicker sein, denn bei diesem Beispiel werden zwei Reihen Blütenblätter geschnitzt.

02. Stechen Sie zuerst mit dem **Kugelformer (Ø 12)** eine kleine Kugel heraus.

03. Schneiden Sie den Rand außen mit dem **Thaimesser** schräg weg, sodass die Scheibe nach oben hin abgerundet ist.

04. Ritzen Sie mit dem **V-Messer (E2)** kurze Einkerbungen in einem Abstand von etwa 5 bis 6 mm ein.

01

02
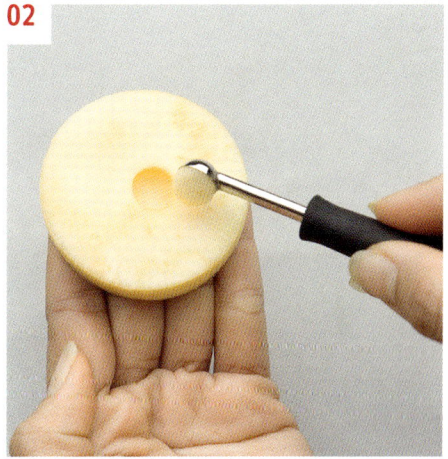

03

04

02 DIE BASICS

05. Schneiden Sie genau dahinter mit demselben Messer in etwas größerem Winkel zum Gemüse das Fruchtfleisch schräg nach innen ein. Schneiden Sie dabei nur so weit ein, bis sich die einzelnen Schnitte treffen, aber stechen Sie nicht durch.

06. Schneiden Sie mit dem **Thaimesser** ringförmig um die kurzen Blütenblätter herum und entfernen Sie den überschüssigen Rand.

07. Ritzen Sie rundherum genau zwischen den kurzen Blütenblättern mit dem **V-Messer** zur Mitte hin Einkerbungen.

08. Schneiden Sie mit dem **Rundmesser (A4)** exakt zwischen zwei Einkerbungen schräg nach unten und stechen Sie ganz durch.

09. Brechen Sie den Rand weg.

10. Stechen Sie aus andersfarbigem Gemüse/Obst mit dem **Kugelformer (Ø 12)** eine kleine Kugel aus und befestigen Sie diese mit Hilfe eines Zahnstochers oder eines Gemüseklebers in der Mitte der Blüte.

Schwierigkeitsgrad: ★ ☆ ☆

Verwendetes Werkzeug
für Blüte Variante 2

A1   E2   S

09

10

BLÜTE VARIANTE 2

01. Verwenden Sie hier eine etwa 1½ cm dicke runde Scheibe eines festen weißen Gemüses Ihrer Wahl.

02. Formen Sie in der Mitte der Blüte einen Ring, indem Sie mit dem **Rundmesser (A1)** etwa 3 mm tief vertikal in das Gemüse einstechen und das Messer dann drehen.

01

02

02 DIE BASICS

03. Ordnen Sie rund um diesen Ring nebeneinanderliegend gleiche Ringe an.

04. Schneiden Sie das Fruchtfleisch mit dem **Thaimesser** ca. 5 mm breit ringförmig rundherum aus.

05. Stechen Sie mit dem **V-Messer (E2)** nebeneinander schräg nach unten ca. 3 mm tief ein, und zwar soweit, bis sich die Schnitte treffen.

06. Schneiden Sie mit dem **Thaimesser** zwischen den Einschnitten das Fruchtfleisch aus.

RINGELBLUMEN, EDELWEISS UND ÄHNLICHE BLÜTEN

07. Schneiden Sie mit dem **V-Messer (E2)** zwischen jedem Blütenblatt vom äußeren Rand weg Einkerbungen hinein.

08. Schneiden Sie genau hinter den Einkerbungen in das Fruchtfleisch ein und stechen Sie ganz durch.

09./10. Brechen Sie den Rand weg.

11. Beispiele verschiedener Blüten, die mit dieser Schnitztechnik unter Verwendung unterschiedlicher Schnitzmesser hergestellt wurden.

TIPP

Schlagen Sie in eine Wurzel Nägel hinein und knipsen Sie die Köpfe der Nägel ab. Darauf können Sie die unterschiedlichsten Blüten und Blätter sehr attraktiv präsentieren – beispielsweise auf dem gedeckten Tisch oder einem Buffet.

BLUMENBLÄTTER

Zur Herstellung von Blättern eignen sich Zucchini, Gurken, Gelbe Rüben oder Karotten. Wegen ihrer Zweifarbigkeit und Größe können Sie auch die Schalen von Kürbissen und Melonen sehr gut verwenden. Möchten Sie zur Gestaltung von Blättern lieber Früchte einsetzen, dann sehen Äpfel besonders schön aus.

Schwierigkeitsgrad: ★ ☆ ☆

Verwendetes Werkzeug
für Blatt Variante 1
Zusätzlich: Blattausstecher

E2   S

BLATT VARIANTE 1

Zuerst schnitzen wir die einfachste Blattvariante. Diese lässt sich sehr schnell herstellen.

01. Schneiden Sie von einer Zucchini größere Stücke ab, entsprechend der Größe des Ausstechers, den Sie gewählt haben.

02. Verwenden Sie den Ausstecher, um so die Grundform des Blattes zu erhalten.

03. Halten Sie das Blatt mit der Spitze zum Körper. Mit dem **V-Messer (E2)** ziehen Sie eine Einkerbung von der Spitze des Blattes zum Stiel.

04. Ziehen Sie die Kerben von außen nach innen. Sie sollten am Blatt schräg nach vorne verlaufen. Diesen Arbeitsschritt führen Sie auf beiden Seiten aus.

01

02

03

04

02 DIE BASICS

**Verwendetes Werkzeug
für Blatt Variante 2
Zusätzlich: Blattausstecher**

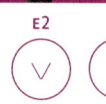

E2   S

05

05. Zuletzt schneiden Sie mit dem **Thaimesser** das überschüssige Fruchtfleisch unten am Blatt weg, sodass das Blatt eine dünne, schöne Endform erhält.

TIPP

Geschnitzte Blätter geben den dargestellten Blüten einen ganz besonderen Reiz. Aber auch einzelne Blätter als Dekorationen für Gerichte auf Tellern oder Gläsern ergeben einen sehr schönen Effekt.

BLATT VARIANTE 2

Für diese Form sind zuerst zwei weitere Arbeitsschritte notwendig. Als Alternative zum **V-Messer (E2)** können die Einkerbungen auch mit dem **Kerb- (K)** oder **Thaimesser** gemacht werden, was in den folgenden Bildern demonstriert wird.

01. Zuerst werden mit dem **Thaimesser** in das ausgestochene Blatt vom Stiel zur Spitze hin zwei ungefähr zwei Millimeter tiefe Einschnitte vertikal ins Blatt geschnitzt.

02. Mit dem **Thaimesser** schneiden Sie mit schräger Messerhaltung von außen nach innen zu den Einschnitten hinführend auf beiden Seiten kleine Stücke heraus. Daraus ergibt sich die Mittelrippe.

01

02

Schwierigkeitsgrad: ★ ☆ ☆

Verwendetes Werkzeug
für Blatt Variante 3
Zusätzlich: Blattausstecher

03.

03. Die Blattadern auf den Seiten können entweder mit dem **V-Messer (E2)** oder mit dem **Thaimesser** herausgeschnitten werden. Danach schneiden Sie mit dem **Thaimesser** wieder das überschüssige Fruchtfleisch unten am Blatt weg, sodass das Blatt eine dünne, schöne Endform erhält.

BLATT VARIANTE 3

01. Schneiden Sie mit dem **Thaimesser** am ausgestochenen Blatt von der gedachten Mittelrippe nach außen kleine Ovale heraus. Sollte das weiße Fruchtfleisch noch sichtbar sein, halten Sie das Messer schräg zum Blatt. Sollten die Ovale ganz durchgeschnitten sein, so halten Sie das Messer vertikal zum Blatt.

02. Dies wiederholen Sie auch auf der zweiten Seite. Beachten Sie, dass die ausgeschnittenen Ovale schräg nach vorne verlaufen sollten und nach vorne hin etwas kleiner werden. Danach schneiden Sie mit dem **Thaimesser** wieder das überschüssige Fruchtfleisch unten am Blatt weg, sodass das Blatt eine dünne, schöne Endform erhält.

01.

02.

DAHLIEN

Zum Schnitzen von Dahlien und ähnlichen Blüten benötigen Sie Schnitzmesser in unterschiedlichen Größen. Geschnitzt werden die Reihen der Blütenblätter stets von innen nach außen. Beginnen Sie mit der kleinsten inneren Reihe. Da sich der Umfang des Gemüses mit jeder Reihe vergrößert, sollten Sie nach außen hin immer größere Schnitzmesser verwenden. Die Blütenblätter der Dahlien sind entweder untereinander oder versetzt angeordnet. Besonders schön sehen Dahlienblüten aus, wenn sie in ganze Melonen oder Kürbisse eingearbeitet werden. Hierzu kombinieren Sie verschiedene Messerformen miteinander.

Schwierigkeitsgrad: ★ ☆ ☆

Verwendetes Werkzeug für Blüte Variante 1

E1, E2

Für diese effektvollen Blüten eignen sich verschiedene Gemüse- und Früchtesorten, wie zum Beispiel Radieschen, Gelbe Rüben, Kohlrabi, Zucchini, Radi, Melone, Mango, Rote Rübe, Apfel und runder schwarzer Rettich.

BLÜTE VARIANTE 1
Radieschen

01. Schneiden Sie in das Radieschen mit dem kleinen **V-Messer (E1)** einen kleinen Stern. Bei kleineren Radieschen benötigen Sie dazu ca. sechs Schnitte, bei größeren acht. Arbeiten Sie sich immer von außen nach innen vor, um gleich lange Einschnitte zu erhalten.

02. Wenn Sie alle Schnitte durchgeführt haben, sollte der Stern von selbst herausfallen.

03. Lassen Sie einen dünnen roten Rand stehen und schneiden Sie genau unter den Spitzen des Sterns etwas tiefer ein. Es darf kein Abstand zwischen den Schnitten entstehen. Jetzt ist die erste Reihe von Blütenblättern fertig.

01

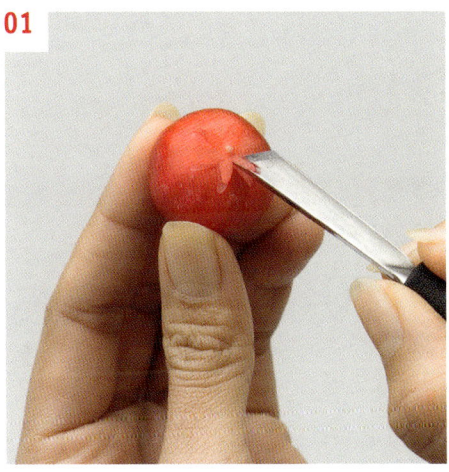

02

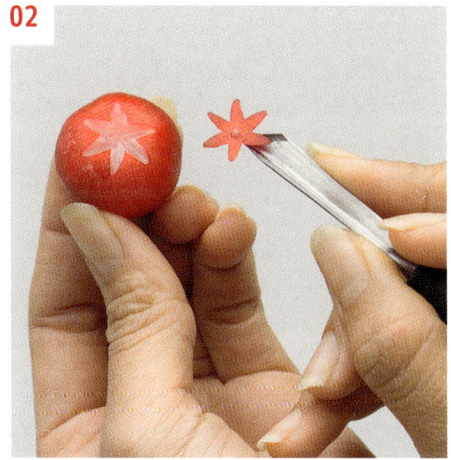

03

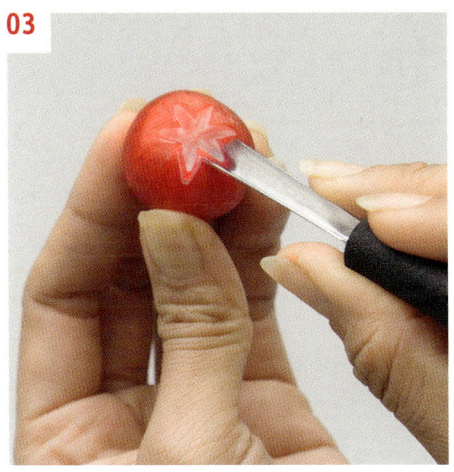

02 DIE BASICS

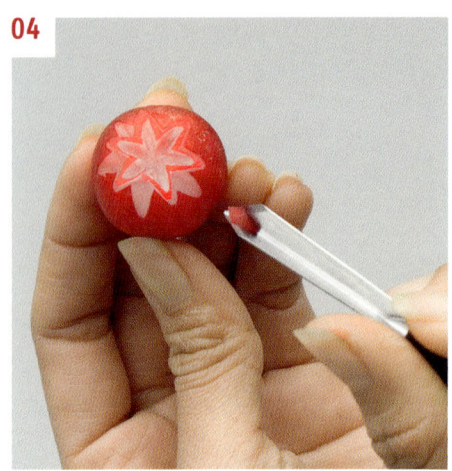

04. Mit demselben **V-Messer (E1)** schneiden Sie genau zwischen zwei Blütenblättern wieder ein. Beginnen Sie etwas weiter unten und führen Sie dabei das Messer schräg nach oben bis zu den vorhergehenden Schnitten. Das Stück sollte wieder von selbst herausfallen.

05. Lassen Sie wieder einen dünnen roten Rand stehen und schneiden Sie die Spitzen diesmal mit dem **V-Messer (E2)** nach. So erhalten Sie die zweite Reihe von Blütenblättern. Je nach Größe des Radieschens können Sie insgesamt mehrere Reihen schnitzen.

Schwierigkeitsgrad: ★ ★ ☆

Verwendetes Werkzeug
für Blüte Variante 2

A1–A5   Ø12

BLÜTE VARIANTE 2
Schwarzer Rettich

01. Für diese Blüte verwenden Sie alle **Rundmesser (A1–A5)** sowie den **Kugelformer (Ø 12)**.

02. Schneiden Sie mit dem **Kugelformer (Ø 12)** in der Mitte des Rettichs eine Halbkugel heraus.

03. Wählen Sie den kleinsten von den **Rundmessern (A1)**. Stechen Sie damit um die Aushöhlung herum schräg nach unten ein. Die Schnitte sollten ganz regelmäßig nebeneinanderliegen.

01

02

03

02 DIE BASICS

04

05

geformten Blütenblätter kräftiger als die außen liegenden – die Blüte ist stabiler und die einzelnen Blätter brechen nicht so leicht ab. Achten Sie darauf, dass sich die einzelnen Schnitte berühren und kein Abstand entsteht.

05. Schneiden Sie mit demselben **Rundmesser** genau zwischen zwei Blütenblättern das Fruchtfleisch heraus. Halten Sie das Messer möglichst flach, um nicht mehr als ca. 1 cm tief in das Gemüse zu schneiden.

04. Lassen Sie einen dünnen schwarzen Rand stehen und stechen Sie genau hinter den Schnitten schräg nach unten ein. Halten Sie dabei das **Rundmesser** etwas steiler als bei den vorhergehenden Schnitten. So bleiben die jetzt

DAHLIEN

06

07

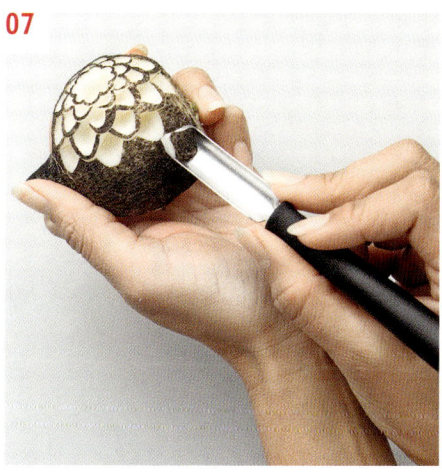

08

06. Lassen Sie erneut einen dünnen schwarzen Rand stehen und stechen Sie mit dem **Rundmesser (A2)** genau hinter den zuletzt durchgeführten Schnitten ca. 1 cm tief ein. Achten Sie darauf, dass kein Steg zwischen den einzelnen Schnitten entsteht.

07. Arbeiten Sie sich mit dieser Technik Reihe um Reihe vor. Verwenden Sie zum Herausschneiden der einzelnen Stücke immer dasselbe **Rundmesser**, das auch schon bei der vorherigen Reihe eingesetzt wurde. Zum Einschneiden in der folgenden Reihe, in der die nächsten Blütenblätter geformt werden, verwenden Sie stets das nächst größere **Rundmesser**.

08. Hier präsentieren wir Ihnen eine Auswahl an verschiedenen Blüten mit dieser Technik.

TIPP

Bei zweifarbigem Gemüse immer einen dünnen Rand der Schale stehen lassen, um so einen schönen Farbeffekt zu erzielen. Bei einfarbigen Gemüsesorten wie z. B. Kohlrabi sollten Sie die äußeren Blütenblätter so dünn wie möglich schneiden. Je tiefer Sie die Blüten schnitzen, umso mehr Kontrast und Effekt erhalten Sie. Allerdings wird es auch schwieriger, die einzelnen Abschnitte einfach und gleichmäßig herauszuschnitzen.

SEEROSEN & LÖWENZAHN
BLÜTEN MIT EINEM MESSER GESCHNITZT

Bei diesen Blütenformen genügt ein Messer für alle Blätter der Blüte. Sie werden von innen nach außen geschnitzt. Beim Schneiden mit dem Thaimesser müssen Sie sehr vorsichtig sein, um nicht versehentlich Blütenblätter wegzuschneiden. Deshalb ist es wichtig, darauf zu achten, dass die verwendeten Gemüse und Früchte fest sind und keine allzu starke Faserung aufweisen.

Schwierigkeitsgrad: ★ ★ ☆

Verwendetes Werkzeug
für Blüte Variante 1

A5   E2   S

BLÜTE VARIANTE 1
Seerose in Gelber Rübe (Steckrübe)

01. Hierzu benötigen Sie ein großes **Rundmesser (A5)** für den Mittelpunkt, das **V-Messer (E2)** und das **Thaimesser**.

02. Mit dem runden Schnitzmesser stechen Sie ca. 1 cm tief ins Fruchtfleisch und drehen das Messer, sodass ein Ring entsteht.

03. Schneiden Sie das Fruchtfleisch mit dem **Thaimesser** rundherum jeweils ca. 1 cm breit und tief aus.

04. Runden Sie den Mittelteil oben mit dem **Thaimesser** ab.

01

02
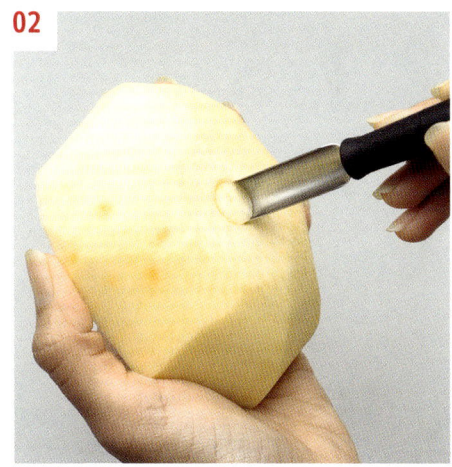

03
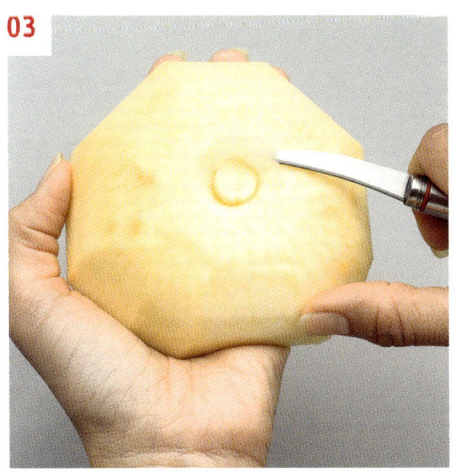

04

02 DIE BASICS

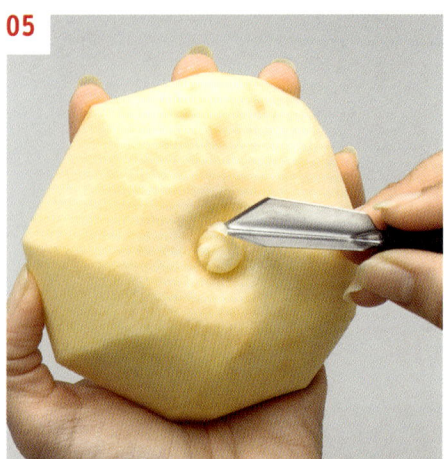
05

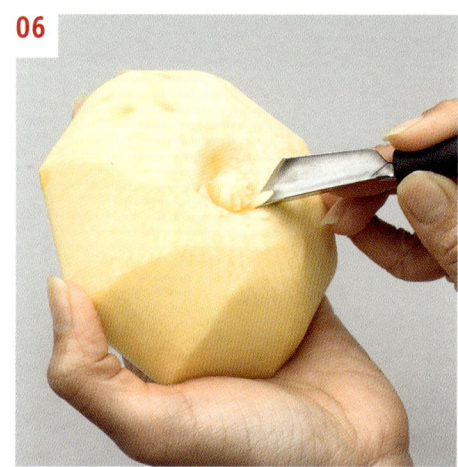
06

07

08

05. Schneiden Sie mit dem **V-Messer (E2)** rund um den Mittelpunkt Kerben ein.

06. Stechen Sie mit dem **V-Messer** zur Mitte hin schräg nach unten gerichtet rundherum ein. Es darf zwischen den einzelnen Einstichen kein Abstand entstehen.

07. Schneiden Sie dahinter vorsichtig mit dem **Thaimesser** wieder ein ca. 1 cm breites Stück ringförmig heraus und entfernen Sie den Streifen.

08. Stechen Sie genauso wie in Arbeitsschritt 06 beschrieben rundherum ein.

09

Schwierigkeitsgrad: ★ ★ ☆

Verwendetes Werkzeug
für Blüte Variante 2
Zusätzlich: Zahnstocher oder Gemüsekleber

E2 S Ø12

09. Schneiden Sie dahinter wieder vorsichtig mit dem **Thaimesser** ein Stück ringförmig heraus.

10. Wiederholen Sie diese Arbeitsschritte Reihe für Reihe.

11. Brechen Sie vorsichtig den Rand weg. Sollte sich der Rand an einer Stelle nicht problemlos entfernen lassen, dann schneiden Sie mit dem **Thaimesser** nach.

BLÜTE VARIANTE 2

01. Verwenden Sie hierzu einen **Kugelformer (Ø 12)** für den Mittelpunkt, das **V-Messer (E2)** und das **Thaimesser**.

02 DIE BASICS

02

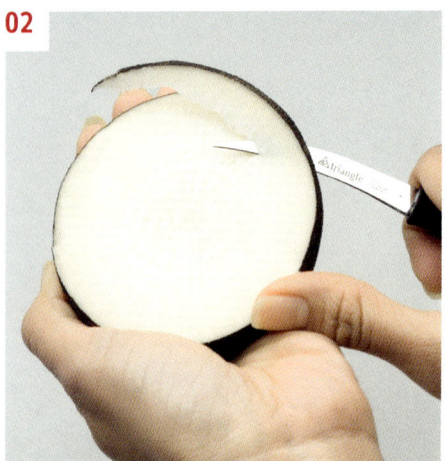

03

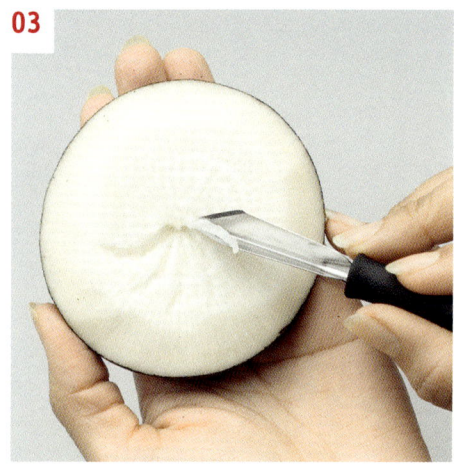

04

05

02. Runden Sie den äußeren Rand mit dem **Thaimesser** ab.

03. Schneiden Sie die Einkerbungen mit dem **V-Messer (E2)** zur Mitte hin. In diesem Fall jedoch nicht gerade, sondern halbrund. So entsteht eine kreiselförmige Blüte.

04. Schneiden Sie in drehender Bewegung genau hinter den Einkerbungen ein. Dies in einem etwas größeren Winkel zur Gemüsescheibe. Auch hier darf zwischen den Schnitten innen wieder kein Steg entstehen, da sonst beim nächsten Arbeitsschritt das überschüssige Material nicht herausfällt.

06

SEEROSEN UND LÖWENZAHN

05. Schneiden Sie das Fruchtfleisch darunter mit dem **Thaimesser** ca. 5 mm tief ringförmig aus.

06. Schneiden Sie wieder rundherum in die entgegengesetzte Richtung mit dem **V-Messer** Einkerbungen ein.

07. Schneiden Sie erneut in drehender Bewegung hinter den Einkerbungen ein und beachten Sie, dass zwischen den Schnitten innen kein Steg entsteht und nehmen Sie das darunterliegende Fleisch wieder mit dem **Thaimesser** weg. Diesen Vorgang können Sie nach Belieben noch ein bis zwei Reihen lang fortsetzen.

08. Brechen Sie den Rand weg.

09. Setzen Sie mit dem Zahnstocher oder dem Gemüsekleber einen Mittelpunkt ein.

10. Variationen verschiedener Blüten, die mit dieser Schnitztechnik hergestellt wurden.

TIPP

Sehr attraktiv ist die Wirkung von Blüten, wenn sie mit dem kleinen **V-Messer** geschnitzt sind. Aber Vorsicht, die feinen Blütenblätter brechen sehr leicht heraus.

07

08

09

10

STERNBLUMEN

Bei den Sternblumen werden die Blütenblätter von außen nach innen geschnitzt. Bei mehrreihigen Blüten beginnen Sie mit der äußersten Reihe der Blütenblätter.

Die beiden angeführten Beispiele zeigen zwei verschiedene Blüten: eine Variante mit nur einer Reihe Blütenblätter und eine Variante mehrreihiger Blütenblätter. Verwenden Sie für diese Blumen keine zu weichen Obst- und Gemüsesorten. Sehr gut eignen sich die Enden von Rettichen, Gurken, grünen Papayas oder Radieschen.

Schwierigkeitsgrad: ★ ☆ ☆

Verwendetes Werkzeug
für Blüte Variante 1

D S

Legen Sie das Radieschen nach dem Schnitzen unbedingt in kaltes Wasser, denn es geht noch weiter auf und die einzelnen Blütenblätter festigen sich. Für geschwungene Schnitte (siehe Variante 1) eignet sich das **V-Messer (D)** durch seine Form besonders gut.

BLÜTE VARIANTE 1

Blüte mit nur einer Reihe Blütenblätter am Beispiel eines Radieschens.

01. Achten Sie darauf, dass das Radieschen nicht zu klein und schön rund geformt ist. Entfernen Sie Wurzel und Blätter mit dem **Thaimesser**.

02./03.
Schneiden Sie mit dem **V-Messer (D)** vom Mittelpunkt der Wurzelseite geschwungene Linien zum Mittelpunkt der Blätterseite des Radieschens. Achten Sie darauf, dass zwischen den Einkerbungen immer etwas von der roten Radieschenschale zu sehen ist und die Schnitte schön gleichmäßig gezogen werden.

01

02

03
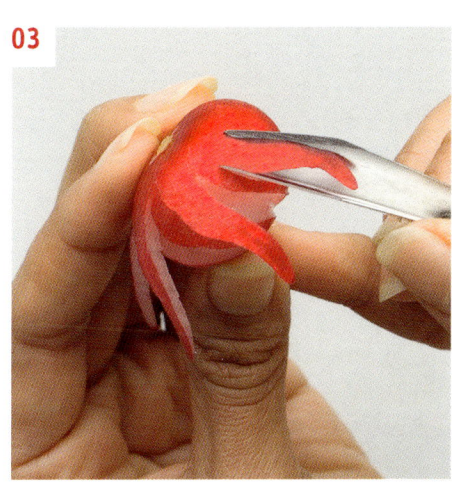

02 DIE BASICS

**Verwendetes Werkzeug
für Blüte Variante 2
Zusätzlich: Zahnstocher**

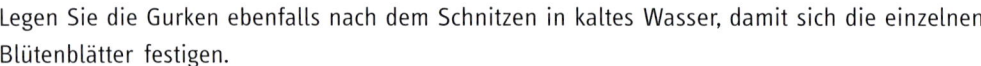

Legen Sie die Gurken ebenfalls nach dem Schnitzen in kaltes Wasser, damit sich die einzelnen Blütenblätter festigen.

BLÜTE VARIANTE 2
Blüte mit zwei oder mehreren Reihen von Blütenblättern geschnitzt am Beispiel einer Gurke.

01. Schneiden Sie von einer Gurke am Ende ein ca. 7 bis 8 cm langes Stück ab.

02. Kerben Sie die Gurke mit Hilfe des **V-Messers (E2)** längsseitig ein. Beachten Sie, dass alle Rillen gleichmäßig tief sind. Die Schnitte müssen sich am unteren Ende treffen. Bleibt ein Abstand zwischen den Schnitten, werden Sie beim nächsten Arbeitsschritt Schwierigkeiten bekommen, das Fruchtfleisch zu entfernen.

03. Schneiden Sie mit dem **Thaimesser** innerhalb der zuletzt gemachten Einschnitte (Rillen) rundherum und entfernen Sie das überschüssige Fruchtfleisch.

01

02

03

STERNBLUMEN

04

05

04. Die äußere Reihe der Blütenblätter ist fertig.

05. Entfernen Sie mit dem **Thaimesser** etwa ½ cm des Fruchtfleisches.

TIPP

Je länger das zu bearbeitende Stück Gemüse ist, umso größer ist die Wirkung der einzelnen langen Blütenblätter. Allerdings wird es mit zunehmender Länge der Schnitte auch immer schwieriger.

02 DIE BASICS

06. Wiederholen Sie Arbeitsschritt 02 für eine zweite Reihe von Blütenblättern.

07. Drehen Sie mit der Hand das übrige Fruchtfleisch und Kerngehäuse heraus.

STERNBLUMEN

08. Befestigen Sie mit Hilfe eines Zahnstochers eine kleinere, andersfarbige Blüte im Zentrum des Gurkensterns.

09. Variationen von aus dieser Schnitztechnik gefertigten Blüten aus Radieschen, Gurke und Papaya.

LEICHTE TELLERDEKORATIONEN

Mit unseren leichten Ideen für eine abwechslungsreiche Tellerdekoration können Sie bei einem Abendessen schöne Akzente setzen und ein leckeres Mahl effektiv unterstreichen.

Schwierigkeitsgrad: ★ ☆ ☆

Verwendetes Werkzeug
für Teller Variante 1

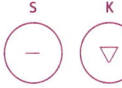

S K

TELLER VARIANTE 1

Kleine Maiskolben

01. Schneiden Sie ein ca. 5 cm langes und 2 cm breites Stück Gelbe Rübe oder Karotte mit dem **Thaimesser** in eine ovale Form.

02. Schneiden Sie mit dem **Thaimesser** an vier nebeneinanderliegenden Seiten dünne Schnitte entlang der Form bis etwa ½ cm vor dem Ende. Daraus ergeben sich die Blätter des Maiskolbens.

03. An den zwei anderen Seiten schnitzen Sie mit dem **Kerbmesser (K)** Linien hinein, erst entlang der Längsseite des Maiskolbens, dann im rechten Winkel quer darüber.

04. Farbige Maiskolben mit Gurkenblättern – eine schöne, leichte Tellerdeko.

01

02
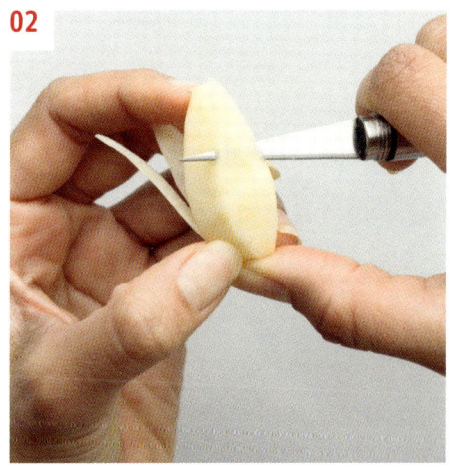

03

04

02 DIE BASICS

**Verwendetes Werkzeug
für Teller Variante 2
Zusätzlich: Zahnstocher**

S

01

02
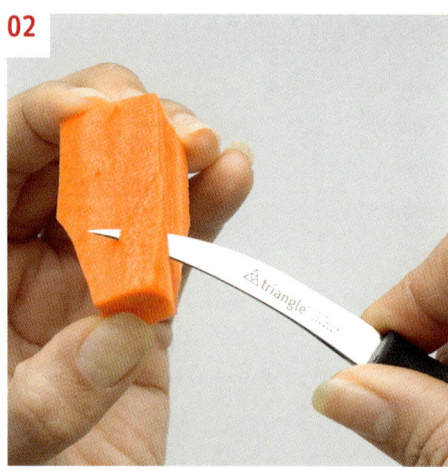

03
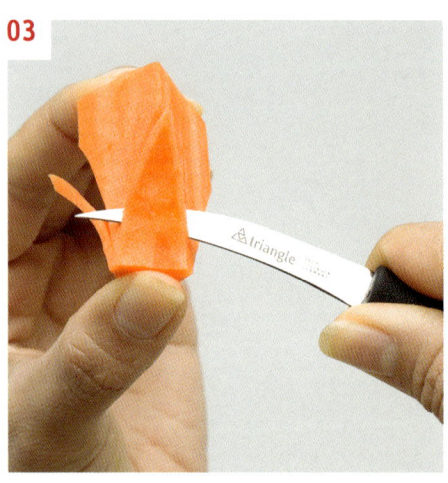

04

TELLER VARIANTE 2

Blüten aus Karotten und Chili

01. Sie benötigen ein ca. 6 bis 8 cm langes Stück Karotte und eine kleine rote Chilischote. Schneiden Sie aus der Karotte eine dreieckige Säule aus.

02. Schneiden Sie die Kanten so ein, dass sich die Blätter ergeben.

03. Schneiden Sie jeweils ein etwa 2 mm dünnes Blatt über die Kanten zur Spitze. Lösen Sie beim letzten Schnitt mit dem **Thaimesser** die Blüte heraus.

04. Setzen Sie in die ausgeschnittene Blüte mit einem Zahnstocher ein kleines Stück rote Chilischote ein.

Schwierigkeitsgrad: ★ ☆ ☆

Verwendetes Werkzeug
für Teller Variante 3
Zusätzlich: Blütenausstecher in zwei Größen

E1   Ø12

TELLER VARIANTE 3

Blüte am Blatt

01. Hierzu benötigen Sie eine etwa 1 cm dicke Scheibe eines weißen Gemüses, eine kleinere Scheibe Karotte und eine kleine Kugel von einer Gelben Rübe, die Sie mit dem **Kugelformer (Ø 12)** hergestellt haben. Benutzen Sie Blütenausstecher in den passenden Größen zu den Gemüsescheiben und stechen Sie diese damit aus.

02. Schnitzen Sie mit dem kleinen **V-Messer (E1)** Einkerbungen entlang der Blütenblätter.

03. Setzen Sie jetzt die einzelnen Teile der Blüte auf einem Teller übereinander und garnieren Sie das Ganze noch mit einem geschnitzten Blatt Ihrer Wahl (s. Seite 32).

04. Arrangement aus Blatt und Blüte.

01

02

03

04

02 DIE BASICS

Verwendetes Werkzeug
für Teller Variante 4
Zusätzlich: Gemüsemesser

K

TELLER VARIANTE 4

Gurken-Ornament mit Radieschen-Blume

01. Sie benötigen ein Stück Gurke, das Sie der Länge nach halbieren.

02. Kerben Sie mit dem **Kerbmesser (K)** der Länge nach Rillen in ca. 1 cm Abstand ein.

03. Schneiden Sie mit dem Gemüsemesser sieben Mal 1 mm dünne Schnitte ein. Schneiden Sie das Stück vom Rest der Gurke ab.

LEICHTE TELLERDEKORATIONEN

05

04. Drehen Sie die beiden äußeren Blätter nach vorne und biegen Sie die restlichen Blätter um.

05. Weitere Vorschläge für ähnliche Dekorationen aus Gurken.

06. Blüte und Blatt – eine farbenfrohe Tellerdekoration. Die Herstellung des Radieschens finden Sie auf der Seite 37.

06

02 DIE BASICS

COCKTAIL-DEKO EINMAL ANDERS

Mit etwas Kreativität und Know-how im Gemüseschnitzen können Sie mit ausgefallenen Cocktail-Dekorationen Ihre Gäste zum Staunen bringen. Sie benötigen nur einige kleine Ausstecher und schon können Sie mit einfachen Schnitzereien Ihren Ideen freien Lauf lassen.

Wir zeigen Ihnen hier einige Anregungen für die unterschiedlichsten Objekte, die Sie sich in verschiedenen Kapiteln dieses Buches mit Schritt-für-Schritt-Darstellungen aneignen können. Für die meisten Drinks sind Früchte ideal. Eine Bloody Mary verlangt aber beispielsweise nach Stangensellerie und Gemüse. Am besten garnieren Sie Ihre Drinks mit geschmacklich passenden Obst- und Gemüsesorten.

03 KLEINE KUNSTWERKE
SCHÖNE OBJEKTE FÜR JEDE JAHRESZEIT

Während Sie beim Schnitzen der meisten Blütenmuster äußerst systematisch vorgehen sollten, entstehen Figuren ebenso wie Tiere oder Ornamente sozusagen „frei Hand", was ein gewisses Maß an räumlichem Denkvermögen voraussetzt. Nur wenige Menschen haben die Begabung, sich beispielsweise einen fertigen Vogel in einem Stück Rettich vorstellen zu können.

Wir haben deshalb für Sie Schablonen zusammengestellt, mit denen Sie sich die Arbeit enorm erleichtern können. So erhalten Sie beim Nachschnitzen der Vorlagen, die Sie im Anhang dieses Buches finden, schon eine Seitenansicht der Grundform, die Proportionen stimmen und Details an der Figur können Sie im Anschluss anhand dieser Schablonen besser auf das Gemüse oder die Frucht platzieren. Zeichnungen aus Kinderbüchern eignen sich ebenfalls sehr gut als Vorlagen für kleine Kunstwerke – viel besser übrigens als Fotos. In Kinderbüchern sind Figuren nämlich auf die wesentlichen Linien reduziert und werden teilweise stark überzeichnet dargestellt.

Lassen Sie sich von den nun folgenden essbaren Dekorationen, die wir nach Jahreszeiten und Anlässen zusammengestellt haben, inspirieren!

FRÜHLINGSGRÜSSE

Für diesen herrlichen Frühlingsstrauß können Sie sich verschiedene farbenprächtige Blüten aus dem Kapitel „Die Basics" (Seite 18) aussuchen. Als Vase dient ein Stern aus einer Zuckermelone, dessen Schnitzanleitung Sie auf der nächsten Seite finden. Eine Sonne aus gelbem Gemüse und einige Schmetterlinge runden das Ensemble ab. Natürlich können Sie diese schönen Elemente auch einzeln zu Deko-Zwecken einsetzen. Zum Einstecken der Schnitzobjekte benutzen Sie am besten einen Steckschwamm oder ein Stück festes Gemüse wie zum Beispiel Kohlrabi. Schneiden Sie diese so zurecht, dass sie in Form und Größe in den Innenraum der Zuckermelone passen.

Schwierigkeitsgrad: ★ ☆ ☆

Verwendetes Werkzeug
Zusätzlich: Löffel oder Kürbislöffel, Zahnstocher
Schmetterlingsausstecher

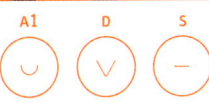

A1   D   S

01

02

03

04

VASE AUS ZUCKERMELONE

01. Achten Sie darauf, dass Ihre Zuckermelone schön fest und gut geformt ist. Aus einer Zuckermelone können Sie zwei Melonensterne schnitzen.

02. Schneiden Sie mit dem **Thaimesser** in die Melonenhälfte rundherum ein großes Zick-Zack-Muster hinein. Dies sollte ca. sechs Zacken auf jeder Hälfte der Melone ergeben.

03. Entfernen Sie mit dem **Kürbislöffel** (oder ersatzweise einem Suppenlöffel) das Kerngehäuse.

04. Als Nächstes schneiden Sie mit dem **Thaimesser** feine Einkerbungen an alle Seiten der Zacken. Diese sollten allerdings nicht zu tief sein.

03 KLEINE KUNSTWERKE: FRÜHLING

05. Schneiden Sie jetzt, wie auf dem Foto zu sehen, mit dem **Thaimesser** jeweils zwei Einschnitte pro Zacken.

06. Schneiden Sie mit dem **Thaimesser** das Fruchtfleisch entlang der Schale von oben bis ganz ans untere Ende der Zacken ein. Achten Sie darauf, dass die Einschnitte bei jedem Zacken gleichmäßig stark sind. Der Rand der Schale sollte nicht mehr als 2 bis 3 mm dick sein. Wenn er zu dick ist, sind die Zacken sehr starr und können nicht gut nach außen gebogen werden.

07./08.
Ziehen Sie nun an jedem Zacken den äußeren Teil nach unten. So biegt er sich herunter und es sieht aus, als sei die Blüte geöffnet.

FRÜHLINGSGRÜSSE

DER SCHMETTERLING

01. Nehmen Sie ein ca. 0,5 cm dickes Stück eines festen Gemüses, in unserem Beispiel ist es eine Gelbe Rübe. Verwenden Sie den größeren Schmetterlingsausstecher, um die Grundform des Schmetterlings herzustellen.

02. Schneiden Sie mit dem **Thaimesser** an beiden Seiten ein kleines keilförmiges Stück zwischen Körper und Flügel heraus.

03. Machen Sie ebenfalls mit dem **Thaimesser** zwei Einkerbungen quer zum Körper. Schneiden Sie mit dem kleinen **Rundmesser (A1)** Strukturlinien in die beiden Flügel.

04. Jetzt drehen Sie den Schmetterling um und schneiden mit dem **Thaimesser** an der Unterseite entlang am Außenteil des Flügels etwas Fruchtfleisch weg, sodass die Flügel dünner werden.

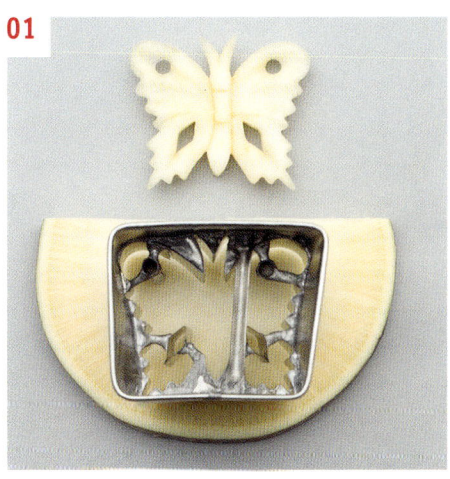

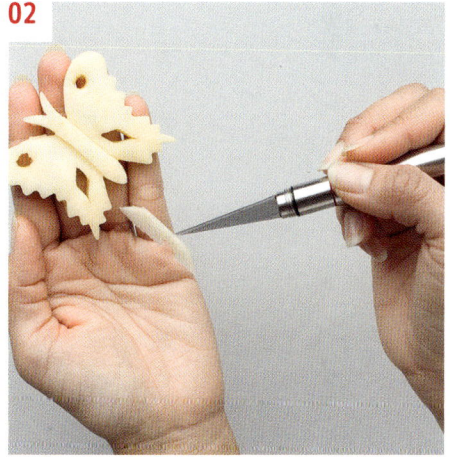

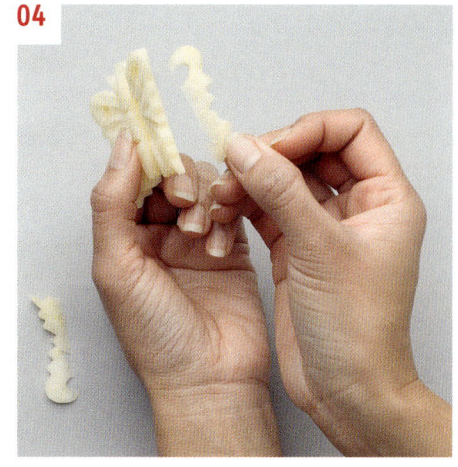

03 KLEINE KUNSTWERKE: FRÜHLING

DIE SONNE

01. Verwenden Sie eine ca. 1 cm dicke Scheibe einer Gelben Rübe. Kopieren Sie die Schablone von Seite 123 in der Größe der Gemüsescheibe und schneiden Sie diese aus. Befeuchten Sie die Schablone etwas und legen Sie sie auf die Gemüsescheibe.

02. Ritzen Sie mit dem **Thaimesser** die Umrisse der Sonne in das Gemüse ein. Schneiden Sie den Ring für den Mittelpunkt der Sonne etwa $\frac{1}{2}$ cm tief ein. Schneiden Sie das Fruchtfleisch mit schräger Messerhaltung (ca. 45 Grad) von außen zum eingeschnittenen Ring aus.

03. Jetzt schneiden Sie über die Oberkante des Rings, um diese so abzurunden.

04. Die Umrisse der Sonne schneiden Sie jetzt ganz durch und nehmen diese weg.

FRÜHLINGSGRÜSSE

05. Verlängern Sie die nach innen führenden Linien mit Schnitten von etwa ½ cm Tiefe. Schneiden Sie hierzu vertikal in das Gemüse.

06. Jetzt schneiden Sie von der linken Seite schräg zum Einschnitt, sodass ein keilförmiges Stück heraus fällt.

07. Ziehen Sie mit dem **V-Messer (D)** Linien entlang zur Mitte, dann wirkt das Objekt noch dekorativer.

Jetzt können Sie damit beginnen, Blüten, Blätter, Sonne und Schmetterlinge fantasievoll zu einem schönen, farbenprächtigen Bouquet zusammenzufügen.

TIPP

Die verwendeten Zahnstocher und Holzspieße sollten für den Betrachter nicht sichtbar sein. Es ist aber äußerst dekorativ, draußen in der Natur die unterschiedlichsten feinen Zweige zu sammeln und die Gemüseblumen mit Gemüsekleber daran zu befestigen. Dies verleiht dem Arrangement eine schöne natürliche Note.

GENTLEMAN
IM FRACK

Dieses Objekt lässt sich einfach gestalten und ist besonders auf Kindergeburtstagen ein echter Hingucker. Achten Sie beim Einkaufen darauf, dass die Auberginen möglichst dünn und gerade gewachsen sind.

01

02

Schwierigkeitsgrad: ★ ☆ ☆

Verwendetes Werkzeug
Zusätzlich: Gemüsemesser,
Gemüsekleber, Zahnstocher

E1   S

03

04

05

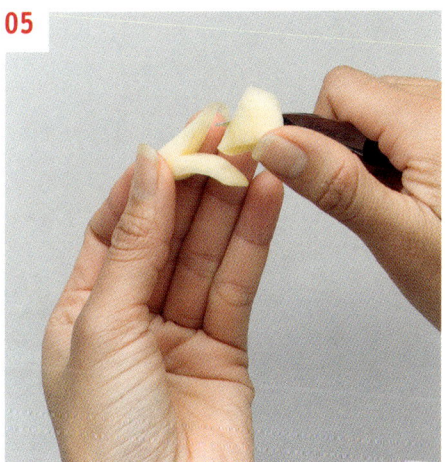

01. Verwenden Sie dünne Auberginen, ein Stück Gelbe Rübe, ein Stück Karotte, eine kleine Mandarine und zwei kleine Radieschenscheiben als Augen. Für die Pupillen kleben Sie zwei kleine runde Auberginen-Stücke auf die Radieschenscheiben.

02. Schneiden Sie mit dem **Gemüsemesser** oder dem **Thaimesser** die Endstücke auf beiden Seiten der Aubergine ab. Mit demselben Messer schneiden Sie auf einer Seite der Aubergine ein flaches Stück heraus. Daraus entsteht die Vorderseite des Vogels.

03. Nun drehen Sie die Aubergine um 90 Grad zur Seite und schneiden hier ebenfalls ein flaches Stück nach oben, ohne es vollständig herauszulösen. Auf diese Art erhalten Sie einen Flügel. Vorsicht: Stoppen Sie ca. 3 bis 4 cm vor dem Auberginen-Ende, um nicht Gefahr zu laufen, dass der Flügel abbricht. Drehen Sie jetzt die Aubergine um 180 Grad und wiederholen Sie diesen Arbeitsschritt auf der anderen Seite, um den zweiten Flügel zu schnitzen.

04. Stecken Sie mit einem Zahnstocher eine Mandarine als Kopf oben auf die Aubergine.

05. Schneiden Sie aus einem ca. 1 cm dicken Stück der Gelben Rübe mit dem **Thaimesser** den Schnabel des Vogels.

TIPP

Auf ähnliche Art und Weise kann man die verschiedensten Objekte aus Obst und Gemüse herstellen. Blättern Sie einfach einmal durch einige Kinderbücher und lassen Sie sich inspirieren.

03 KLEINE KUNSTWERKE: FRÜHLING

06

07

08

09

06./07.
Befestigen Sie den Schnabel mit einem Stück eines Zahnstochers am Kopf. Kleben Sie jetzt die beiden Augen mit Gemüsekleber an.

08./09.
Fertigen Sie aus der zweiten Aubergine den Zylinder. Schneiden Sie dafür mit dem Gemüsemesser eine ca. 1 cm breite Scheibe aus dem breitesten Stück der Aubergine und ein etwa 5 cm langes Stück aus dem schmaleren Ende. Stecken Sie beide Teile ebenfalls mit dem Zahnstocher als Zylinder auf den Kopf des Vogels. Jetzt fehlen dem Kopf nur noch zwei Büschel Haare. Diese schneiden Sie ebenfalls aus einem dünnen Stück Aubergine.

10

GENTLEMAN IM FRACK

10. Kleben Sie die Haare mit dem Gemüsekleber jeweils links und rechts seitlich zwischen Kopf und Zylinder.

11. Nun benötigt der gefiederte Gentleman noch Füße. Diese schneiden Sie ebenfalls mit dem **Thaimesser** aus zwei dünnen Stücken Aubergine und befestigen diese dann mit einem Zahnstocher am Vogel. Krawatte und Fliege werden aus je einem ca. 5 mm dünnen Stück Karotte und Gelber Rübe hergestellt, indem Sie die Grundform von Krawatte und Fliege mit dem **Thaimesser** ausschneiden und außen die Kanten etwas abrunden.

12. Machen Sie mit dem kleinen **V-Messer (E1)** einige Einkerbungen an der Fliege.

13. Mit einem Zahnstocher zusammengesteckt bekommt der Vogel die letzten Kleidungstücke eingesetzt.

14. Voilà – das fertige Kunstwerk!

DAS
KORALLENRIFF

Das farbenprächtige Korallenriff mit bunten Südseefischen sieht beeindruckend aus, ist aber mit ein wenig Übung relativ leicht selbst herzustellen – die ideale Sommer-Deko-Idee, die Ihre Gäste in Urlaubsstimmung versetzen wird! Sternblumen aus Gurke (die genaue Anleitung finden Sie auf der Seite 50) vervollständigen die traumhafte Unterwasserwelt.

Schwierigkeitsgrad: ★ ★ ☆

Verwendetes Werkzeug
Zusätzlich: Gemüsekleber, Pfefferkörner,
Zahnstocher, Holzspieße

A1, A2   D   S

01

02

03

04

01. Für das Korallenriff benötigen Sie Ingwer, Topinambur (auch Erdbirne genannt, erhalten Sie auf Wochenmärkten, im Bioladen und ausgewählten Supermärkten) und Lotuswurzeln (erhalten Sie im Asia-Markt). Zum Zusammenstecken der verschiedenen Elemente brauchen Sie Zahnstocher und Holzspieße.

02. Stecken Sie mit den Spießen einige größere Teile der Ingwerwurzeln und des Topinamburs zur Grundform des Riffs zusammen. So erhalten Sie die nötige Stabilität.

03. Wenn Sie quer zerteilte Lotuswurzeln dazu stecken, erhalten Sie ein verblüffend echt wirkendes Korallenriff.

04. Stecken Sie noch einige Sternblumen aus Gurke dazu (siehe Seite 50). Diese sind Ihre weichen Korallen.

TIPP

Fische lassen sich im Vergleich zu anderen Tieren relativ leicht schnitzen – vor allem, weil es so viele unterschiedliche Arten gibt, sodass Ihrer Kreativität nichts im Wege steht. Achten Sie aber immer darauf, dass die Fische in der Grundform einen schönen Schwung aufweisen, um nicht starr zu wirken. Fische mit großen Flossen sind generell attraktiver.

03 KLEINE KUNSTWERKE: SOMMER

05

06

07
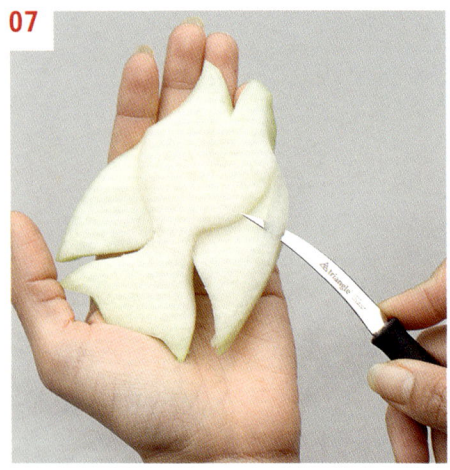

08

05. Für die Fische nehmen Sie gut 1,5 cm dicke Gemüsescheiben (z. B. Kohlrabi, Gelbe Rübe, Kürbis). Bei Bedarf kopieren Sie sich eine Schablone von Seite 122 oder versuchen Sie ruhig, einen Fisch aus der freien Hand zu schnitzen.

06. Legen Sie die ausgeschnittene, leicht befeuchtete Schablone auf die Gemüsescheibe und schneiden Sie mit dem **Thaimesser** an deren Außenlinien entlang die Grundform des Fisches aus.

07. Unterteilen Sie den Fischkörper und die Flossen, wobei die Flossen dünner sind als der Körper. Runden Sie die Flossen mit dem **Thaimesser** von beiden Seiten etwas ab.

08. Mit dem **V-Messer (D)** schneiden Sie Einkerbungen in alle Flossen. Achten Sie darauf, dass die Richtung der Einkerbungen immer zum Fischkörper verläuft.

09. Schneiden Sie mit dem **Thaimesser** den Kiemendeckel ein. Hierbei ziehen Sie einen runden Schnitt von oben nach unten und schneiden dahinter mit schräger Messerhaltung ein keilförmiges Stück Fruchtfleisch heraus.

DAS KORALLENRIFF

10. Das Auge formen Sie, indem Sie das kleine **Rundmesser (A1)** einstechen und drehen.

11. Schneiden Sie das Fruchtfleisch mit dem **Thaimesser** rund um das Auge herum ringförmig 1 bis 2 mm tief aus.

12. Setzen Sie ein schwarzes Pfefferkorn als Pupille ein. Wenn nötig, kleben Sie es mit Gemüsekleber fest.

13. Mit dem **Thaimesser** schneiden Sie ganz dünne Streifen als Ober- und Unterlippe heraus.

09

10

11

12

13

03 KLEINE KUNSTWERKE: SOMMER

14

15

16

17

14. Schneiden Sie die Schuppen des Fisches aus. Hierzu stechen Sie mit dem zweitkleinsten **Rundmesser (A2)** ca. 3 mm tief ein. Beginnen Sie hinter dem Kiemendeckel und achten Sie darauf, dass sich die Schuppen ohne Abstand aneinanderreihen.

15. Mit dem **Thaimesser** schneiden Sie hinter den eingestochenen Schuppen einen dünnen Streifen Fruchtfleisch heraus. Halten Sie dabei die Messerspitze schräg und in kleinem Winkel zum Gemüse.

18

DAS KORALLENRIFF

16. Wiederholen Sie die beiden letzten Arbeitsschritte, bis der Fischkörper komplett mit Schuppen bedeckt ist. Achten Sie darauf, dass die Schuppen versetzt zueinander stehen.

17. Aus den übriggebliebenen Stücken Fruchtfleisch schneiden Sie eine Kiemenflosse aus.

18. Kleben Sie die Kiemenflosse hinter dem Kiemendeckel an den Fisch.

19. Zusätzlich können Sie das Korallenriff mit roten Chiliblüten dekorieren, um noch mehr Farbe ins Spiel zu bringen. Dazu halbieren Sie die Chilischote.

20. Mit dem **Thaimesser** schneiden Sie längs bis in die Mitte der Schote hinein.

21. Schneiden Sie das Kerngehäuse in der Mitte heraus.

22. Spießen Sie mit einem Stückchen Zahnstocher den vorderen Teil der Chilischote auf und stecken Sie diesen in den unteren Teil ein. Legen Sie die „Chiliblüte" in kaltes Wasser. Sie wird in kurzer Zeit „aufblühen". Nachdem Sie die Fische mit Spießen am Korallenriff befestigt haben, nehmen Sie die Chiliblüten und arrangieren Sie diese nach Wahl.

19

20

21

22

DAS SCHNITZEN VON MELONEN

Melonen sind die beliebtesten Früchte zum Obst- und Gemüseschnitzen. Ist das Fruchtfleisch schön fest, sind sie relativ einfach zu bearbeiten. Melonen wirken durch ihre Größe und die verschiedenen Farben (grün, gelb, orange, rot) sehr dekorativ. Deshalb sollten Sie beim Schnitzen von Melonen immer darauf achten, alle Farben der Frucht in die Schnitzerei einzubeziehen, also auch die Schale (bei dunkelgrünen Wassermelonen ergibt sich ein toller Kontrast zum Rot der Frucht), um das Schnitzobjekt dadurch möglichst kontrastreich zu gestalten.

Da die Schale der härteste Teil ist, müssen Sie mit den Schnitzmessern sehr vorsichtig sein. Nur so können Sie vermeiden, dass Sie zu viel Druck ausüben und durch das weichere Fruchtfleisch bis ins Kerngehäuse hineinrutschen.

Wenn die Melone schon sehr reif und ihr Fruchtfleisch porös ist, dann eignet sie sich besser für ein Schnitzmuster mit dem Thaimesser anstelle des Schnitzmessers, da letzteres mehr Widerstand beim Schnitzen verursacht und die Melone dadurch matschig gedrückt wird.

Auch auf die Kerne sollten Sie achten. Bei Wassermelonen verwenden Sie am besten kernarme oder kernlose Sorten. Bei anderen Melonen ist es wichtig, dass Sie beim Schnitzen nicht zu tief hineinschneiden und damit ein Loch aus dem Kerngehäuse herausschnitzen, welches dann bei der Präsentation der Melone sehr unattraktiv wirkt.

Wenn Sie diese Kriterien beachten, lässt sich die Melone für verschiedene Schnitztechniken hervorragend einsetzen und sehr fein bearbeiten.

FRÜCHTESCHALE
AUS EINER WASSERMELONE

Was wäre ein heißer Sommertag ohne erfrischende Früchte!
Diese Schale ist aber nicht aus Porzellan, sondern aus einer saftigen Melone geschnitzt.
Füllen können Sie sie mit echten Früchten, Melonenkugeln oder, wenn Sie eine besondere
Deko-Idee suchen, mit Erdbeeren, die Sie mit flüssiger Schokolade überziehen.

Schwierigkeitsgrad: ★ ★ ☆

Verwendetes Werkzeug
Zusätzlich: Zahnstocher zum Fixieren, Kürbislöffel

01

02

03

04

05

01. Wählen Sie, wenn erhältlich, eine Melone mit dunkelgrüner Schale. So wird Ihre Schnitzerei besonders kontrastreich.

02. Mit dem **Kerbmesser (K)** zeichnen Sie auf der Melonenschale die Linie vor, wo der Deckel abgeschnitten werden sollte.

03. Markieren Sie ebenfalls mit dem **Kerbmesser (K)** die Blätter auf der Vorderseite der Melone.

04. Mit dem **Thaimesser** schneiden Sie den Deckel entlang der zuvor markierten Linien aus. Lösen Sie den Deckel vom Rest der Melone.

05. Entfernen Sie vorne, im Bereich zwischen Deckel und Blättern, die Schale mit dem **Thaimesser**.

03 KLEINE KUNSTWERKE: SOMMER

06. Schnitzen Sie Details in die Blätter.

07. Mit dem größten **Rundmesser (A5)** schneiden Sie einen ca. 1,5 cm tiefen Kreis in die Mitte der geschälten Fläche.

08. Schneiden Sie mit dem **Thaimesser** einen ca. 1 cm breiten und 1,5 cm tiefen Ring rund um den Kreis heraus.

09./10. Gehen Sie weiter vor wie im Kapitel „Die Basics – Dahlien" (Seite 36). Schnitzen Sie eine Blüte unter Verwendung der verschiedenen runden und gerillten Messern.

FRÜCHTESCHALE AUS EINER WASSERMELONE

11. Mit dem mittleren **V-Messer (E2)** schnitzen Sie noch Rillen vom Rand der geschälten Fläche in Richtung Melonenmitte, bis unter die äußersten Blütenblätter.

12. Der Deckel der Fruchtschale: Schnitzen Sie hier dasselbe Schnitzmuster aus der Melonenfruchtschale hinein. Verwenden Sie hierzu aber anstatt der **Rundmesser** die verschiedenen **V-Messer (E1–E3),** so erhalten Sie eine Blüte mit spitzen Blütenblättern. Um alle Farben der Melone zum Einsatz zu bringen, lassen Sie immer einen dünnen, ca. 2 mm breiten Rand an den Blütenblättern stehen. Schneiden Sie mit dem **Kerbmesser (K)** noch Rillen entlang der Deckel-Außenkante.

13. Höhlen Sie die Melonenschale ca. 2 cm tief aus. Hierzu verwenden Sie am besten einen **Kürbislöffel.**

14. Füllen Sie die Schale mit attraktiv arrangierten Früchten und fixieren Sie den Deckel mit Hilfe eines Zahnstochers auf der Fruchtschale.

MELONENBLÜTE
AUS EINER HONIGMELONE

Diese wunderschön gestaltete Melone ist nach asiatischer Schnitzkunst geschnitzt und wird jeden Tisch oder jedes Buffet mit ihrem fernöstlichen Charme bereichern. Ein paar kleine Blätter zu Deko-Zwecken reichen schon aus, um noch mehr Stimmung zu erzeugen. Lassen Sie sich im Blumenfachhandel inspirieren.

Schwierigkeitsgrad: ★ ★ ☆

Verwendetes Werkzeug
Zusätzlich: runder Ausstecher
mit ca. 5 cm Durchmesser

A1–A3   S

01

02

03

04

01. Wählen Sie eine gut geformte, sehr feste Honigmelone.

02. Schälen Sie einen kleinen Bereich in der Mitte der Melone und stechen Sie mit dem runden **Ausstecher** ca. 1½ cm tief ein. Dadurch unterteilen Sie die Blüte in eine innere Knospe und äußere Blütenblätter. Sollte das harte Fruchtfleisch sehr viel Widerstand leisten, arbeiten Sie mit einer drehenden Bewegung.

03. Schneiden Sie mit dem **Thaimesser** einen etwa 1 cm breiten Ring rund um die Knospe aus. Das **Thaimesser** sollte hierfür schräg in einem ca. 45-Grad-Winkel zur Frucht gehalten werden.

04. Jetzt runden Sie an der Knospe die Kanten innen ab. Hierbei schneiden Sie ebenfalls in einem ca. 45-Grad-Winkel schräg rundherum über die Kante.

03　KLEINE KUNSTWERKE: SOMMER

05

06

07

08

05. Nehmen Sie den kleinsten der vier **Rundmesser (A1)** und stechen Sie vertikal zur Frucht rundherum außen an der Knospe in das Fruchtfleisch ein. Achten Sie darauf, dass sich die einzelnen Blütenblätter immer treffen, also kein Abstand zwischen den Einstichen entsteht.
Halten Sie das Messer so, dass die Messerrundung zur Mitte der Frucht zeigt.

06. Schneiden Sie mit dem **Thaimesser** von innen her einen ca. 1 cm tiefen Ring aus. Dabei wird das **Thaimesser** schräg nach innen gehalten.

07. Wenn Sie nun Arbeitsschritt 05 mit dem zweitkleinsten **Rundmesser (A2)** wiederholen, erhalten Sie eine zweite Reihe Blütenblätter.

08. Dann wiederholen Sie Arbeitsschritt 06. Danach machen Sie das Gleiche nochmals und erhalten damit eine dritte Reihe Blütenblätter.

MELONENBLÜTE

09. Nachdem die Knospe gefertigt ist, schnitzen Sie die äußeren Blütenblätter. Dazu unterteilen Sie mit dem **Thaimesser** mit leichten Einschnitten den Umfang um die Knospe in sechs gleiche Teile. Nehmen Sie das zweitgrößte **Rundmesser (A3)** und schneiden Sie damit in jedem Teil eine längere Einkerbung in die Mitte, je einen kürzeren rechts und links. Diese Schnitte sollten immer Richtung Zentrum führen, bis hin zur Knospe.

10. Nun nehmen Sie das **Thaimesser** und schneiden „herzförmig" rund um diese Einschnitte herum ca. 1 cm tief ins Fruchtfleisch. Unter dem längeren mittleren Einschnitt sollte eine Spitze entstehen.

11. Halten Sie das **Thaimesser** in Richtung des Zentrums der Blüte und entfernen Sie von der jeweiligen Spitze des Blütenblattes bis zur nächstliegenden Spitze das Fruchtfleisch dazwischen ca. 1 cm tief.

03 KLEINE KUNSTWERKE: SOMMER

12

13

14

15

12.–14.
Nun schnitzen Sie eine zweite Reihe Blütenblätter. Wiederholen Sie hierfür die Arbeitsschritte 09 bis 11. Dabei nehmen Sie die Spitzen der Blütenblätter der ersten Reihe als Einteilung und schnitzen die zweite Reihe Blütenblätter genau versetzt zur ersten Reihe.

15. Die Blüte bekommt nun noch einige Blätter. Schneiden Sie dazu zwischen zwei Blütenblättern mit dem **Thaimesser** eine schön geschwungene Blätterform ca. 1 cm tief aus. Achten Sie darauf, dass das Blatt ganz innen, also unter den Blütenblättern beginnt.

MELONENBLÜTE

16. Entfernen Sie an den beiden Außenseiten des Blattes jeweils einen ca. 5 cm breiten Rand, sodass das Blatt freigestellt ist.

17. Um die Einkerbungen im Blatt zu erhalten, schneiden Sie zuerst in der Mitte längs durch das Blatt einen feinen, keilförmigen Streifen heraus.

18. Machen Sie danach noch einige kleine Einschnitte links und rechts davon schräg nach vorne laufend.

19. Je nachdem wie viel Platz Sie haben, schnitzen Sie so viele Blätter wie möglich, um die Blüte gut in Szene zu setzen.

TIPP

Natürlich können Sie für dieses Schnitzmuster alle Arten von Melonen verwenden. Sehr attraktiv wirkt es auch, wenn Sie stattdessen eine Papaya wählen.

16
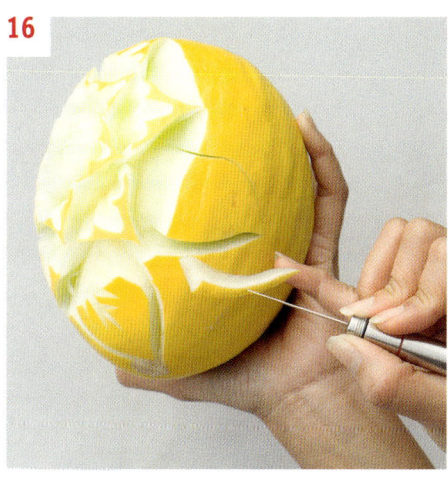

17

18

19

KLEINE KUNSTWERKE: HERBST

HERBSTZEIT IST KÜRBISZEIT

Kürbisse gehören zu den beliebtesten Gemüsesorten, die zum Schnitzen geeignet sind. Aus der Kombination unterschiedlicher Formen und Farben lassen sich äußerst attraktive Deko-Elemente zusammenstellen.

Kürbisse lassen sich sehr lange frisch halten, sogar in fertig geschnitzter Form bleiben sie einige Wochen ansehnlich.

Die Konsistenz des Fruchtfleisches kann ganz unterschiedlich sein und weist je nach Kürbissorte ganz verschiedene Härten auf. So lässt sich beispielsweise ein Hokkaido aufgrund seines relativ harten Fruchtfleisches etwas schwieriger verarbeiten als ein Muskat.

Die Kürbisse, die Sie zum Schnitzen auswählen sollten, müssen immer schön fest sein, beim Drücken nicht schwammig nachgeben und keine Verletzungen aufweisen, weil sie an diesen Stellen schnell zu faulen beginnen.

Geschnitzte Kürbisse wickeln Sie am besten immer in Frischhaltefolie ein, legen Sie sie nie für längere Zeit ganz ins Wasser, denn sonst werden sie sehr schnell matschig.

Während die meisten Kürbissorten nur saisonal erhältlich sind, können Sie den Muskat-Kürbis inzwischen fast das ganze Jahr über kaufen.

HEXENZAUBER
AUF DEM KÜRBIS

Verwenden Sie bei diesem Halloween-Kürbis eine Schablone, die Ihnen dabei hilft, das Hexenmotiv in die Schale einzuritzen. Eine Motividee finden Sie im Anhang auf der Seite 125, Sie können aber auch selbst Ihrer Fantasie freien Lauf lassen. Der geschnitzte Kürbis hält bis zu zwei Wochen – eine einfache Schnitzerei mit großer Wirkung, die für lange Zeit Gruselstimmung garantiert.

Schwierigkeitsgrad: ★ ☆ ☆

Verwendetes Werkzeug
Zusätzlich: Nadel/Stecknadel

D   S

03

04

05

06

01. Kopieren Sie die Schablone passend zur Größe des ausgewählten Kürbisses. Hierfür eignen sich Halloween-Kürbisse, Sie können aber auch relativ glatte Muskat- oder Hokkaido-Kürbisse verwenden.

02. Befeuchten Sie die Schablone etwas und drücken Sie sie leicht auf den Kürbis, damit sie hält. Ritzen Sie mit dem **Thaimesser** die Umrisse der Schablone ca. 2 bis 3 mm tief ins Fruchtfleisch ein.

03. Stechen Sie mit einer feinen Nadel an den Linien der Zeichnung entlang, um so die inneren Linien im Motiv zu markieren.

04. Schneiden Sie die Schale mit dem **Thaimesser** in einem kreisförmigen Ring rund um die Hexe weg.

05. Achten Sie darauf, dass Sie immer gleichmäßig tief schneiden. Die Elemente (Besen, Fledermaus), die außerhalb des ausgeschnittenen Randes liegen, also dort, wo die Schale noch nicht entfernt wurde, werden innen ausgeschnitten.

06. Kerben Sie entlang der Linien, die mit der Nadel gestochen wurden, mit dem kleinen **V-Messer (D)** ein. Führen Sie dabei das **V-Messer** auf der Oberfläche gleichmäßig tief an den Markierungen entlang.

IGEL AUS KÜRBIS

Für diesen stacheligen Kavalier eignet sich am besten ein Butternuss-Kürbis. Dabei sollten Sie darauf achten, dass die Frucht gerade gewachsen ist und der obere Teil annähernd die gleiche Breite hat wie der untere.

Schwierigkeitsgrad: ★ ★ ☆

Verwendetes Werkzeug
Zusätzlich: Gemüsekleber, Zahnstocher

E1–E3 S ø12/ø20

01

02

03

01. Sie benötigen einen Butternuss-Kürbis, schwarzen Rettich, etwas Schnittlauch und ein Stück Gelbe Rübe.

02. Schälen Sie die vordere Hälfte des Kürbisses mit dem **Thaimesser** gleichmäßig ca. 3 mm tief ab.

03. Schneiden Sie zwischen Körper und Kopf mit dem **Thaimesser** drei Keile aus – einmal von vorne und je ein Keil von der linken und rechten Seite. So erhalten Sie eine Unterteilung zwischen Kopf und Körper. Runden Sie das Ganze mit dem **Thaimesser** etwas ab.

04

04. Schneiden Sie mit dem **Thaimesser** den Mund heraus. Halten Sie das Messer in einem rechten Winkel zum Kürbis und ziehen Sie einen rund nach oben verlaufenden Schnitt für die Oberlippe. Halten Sie das **Thaimesser** mit der Spitze schräg nach oben und ziehen Sie auf diese Art die Unterlippe. So erhalten Sie einen lachenden Mund.

03 KLEINE KUNSTWERKE: HERBST

05

06

07

08

05. Ritzen Sie die Zunge leicht ein und schneiden Sie die Augenhöhlen aus.

06. Schneiden Sie die markanten Gesichtszüge ein. Achten Sie darauf, dass die Linien schön rund, fein geschnitten und nicht zu gerade sind, um so einen freundlichen Gesichtsausdruck zu erhalten.

07. Ritzen Sie mit dem kleinen **V-Messer (E1)** die Augenbrauen ein.

08. Schneiden Sie mit dem **Thaimesser** die Arme und Hände aus.

09

IGEL AUS KÜRBIS

09. Kerben Sie mit dem großen **V-Messer (E3)** den Übergang vom Körper zu den Stacheln ein.

10. Schnitzen Sie mit dem **V-Messer (E3)** die Stacheln hinein. Dabei halten Sie das **V-Messer** schräg nach oben, schneiden ca. 1 cm tief ein und biegen den „ausgeschnittenen Stachel" leicht nach oben, damit er etwas vom Körper absteht.

11. Schnitzen Sie aus der Gelben Rübe und dem schwarzen Rettich Ohren, Augen, Nase, Fliege und Füße aus. Kleben Sie die Augen mit dem Gemüsekleber an und fixieren Sie die anderen (größeren) Teile entweder mit einem Zahnstocher oder ebenfalls mit Kleber. Geben Sie Ihrem Igel noch eine kleine Blume nach Wahl in eine Hand (Sie können ein beliebiges Motiv aus dem Kapitel „Die Basics" (Seite 18) auswählen). Die Blume fixieren Sie mit einem Zahnstocher. Diesen überziehen Sie mit einem Stück Schnittlauch, sodass aus dem Zahnstocher ein grüner Stängel wird.

12. Der freundliche Igel ist fertig. Er wird besonders bei Kindergeburtstagen die kleinen Gäste begeistern.

TIPP

Das Kerngehäuse des Butternuss-Kürbisses sitzt nur im unteren Teil, die obere Hälfte besteht komplett aus schönem, sehr festem Fruchtfleisch, das sich ideal zum Schnitzen eignet.

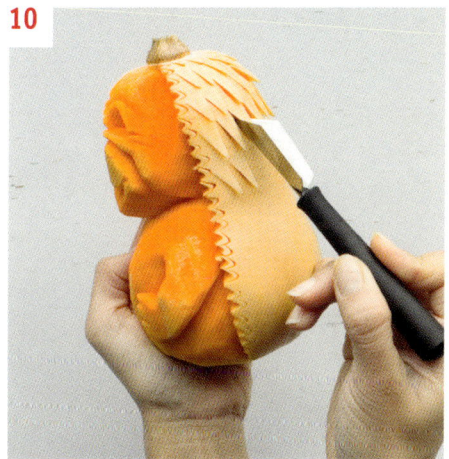

MOND
AUS KÜRBIS

Für den Halbmond nehmen Sie eine ca. 3 cm dicke Scheibe eines großen Butternuss-Kürbisses und ein Stück schwarzen Rettich für die Augen. Um die Umrisse der Seitenansicht zu erhalten, verwenden Sie die Schablone von Seite 124. Der Rest des „Mondgesichtes" wird freihand geschnitzt. Legen Sie sich für die Gestaltung der Gesichtszüge am besten die Schablone daneben, dann fällt dieser Arbeitsschritt leichter.

Schwierigkeitsgrad: ★ ★ ☆

Verwendetes Werkzeug
Zusätzlich: Zahnstocher, Gemüsekleber

S

01

02

03

04

01. Kopieren Sie die Schablone, schneiden Sie sie in der passenden Größe aus und legen Sie sie auf die Kürbisscheibe. Befeuchten Sie die Schablone etwas, damit sie leicht kleben bleibt.

02. Schneiden Sie nun die Umrisse mit dem **Thaimesser** aus und entfernen Sie das überschüssige Stück Kürbis.

03. Runden Sie die Kanten mit dem **Thaimesser** ab und schneiden Sie damit die Grundform des Mondes aus.

04. Ansicht von vorne.

03 KLEINE KUNSTWERKE: HERBST

05. Schneiden Sie nun mit dem **Thaimesser** die Augenbrauen aus.

06.–08. Schneiden Sie mit Hilfe der Schablone und der Fotos die weiteren Gesichtszüge aus. Achten Sie darauf, dass das Gesicht runde Züge bekommt, damit es nicht zu starr wirkt.

MOND AUS KÜRBIS

09

10

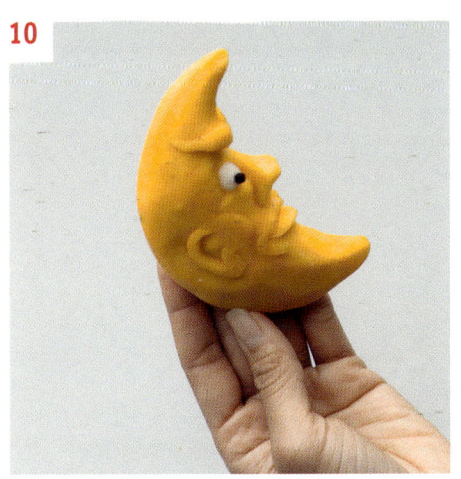

09. Schneiden Sie zuletzt noch die Ohren ein und setzen Sie dann die aus dem Rettich hergestellten Augen ein. Verwenden Sie hierfür ein kurzes Stück Zahnstocher oder einen Gemüsekleber.

10. Der fertige Mond, der als Herbst-Deko einen schönen Akzent setzt.

WEIHNACHTSMELONE

Diese Weihnachts-Deko besticht durch ihre feine Ausarbeitung und den schönen Farbkontrast, der durch die grüne Melonenschale entsteht. Sie können natürlich statt Glocken auch Sterne, Engel oder andere weihnachtliche Motive auswählen, die Sie in die Frucht schnitzen, um Ihr Festessen auch optisch mit selbst hergestellten Kunstwerken zu bereichern.

Schwierigkeitsgrad: ★ ★ ☆   Verwendetes Werkzeug

E3   S

01

02

03

01. Um die Glocken symmetrisch zu gestalten, können Sie die Schablonen von der Seite 123 verwenden. Schneiden Sie diese aus, befeuchten Sie sie leicht und legen Sie sie auf die schönere, ebenmäßigere Seite der Melone.

02. Rizzen Sie mit dem **Thaimesser** die Umrisse der Glocken ca. 3 mm tief in die Melone und schneiden Sie rundherum die Schale weg. So erhalten Sie die Gesamtform der Glocken mit Bändern.

03. Schneiden Sie rundherum die Schale kreisförmig weg.

TIPP

Mit dieser Technik können Sie die verschiedensten Motive in die Schale schnitzen, wie zum Beispiel Schriften, Zahlen, Ornamente, Tiere usw. – Ihrer Kreativität sind keine Grenzen gesetzt!

03 KLEINE KUNSTWERKE: WINTER

04

04. Schneiden Sie um die Glocke herum eine ca. 1 cm tiefe und 5 mm breite Einkerbung heraus.

05. Jetzt beginnen Sie, mit dem **V-Messer (E3)** ca. 2 cm lange Einkerbungen in Richtung Mitte, bis zu der letzten Einkerbung zu schnitzen. Die Einkerbungen sollten schön gleichmäßig aneinandergereiht sein.

06. Lassen Sie einen ca. 2 mm breiten weißen Rand stehen und stechen Sie genau hinter den Einschnitten nochmals ein. Beachten Sie wieder, dass zwischen den Einschnitten kein Abstand entsteht.

05

06

WEIHNACHTSMELONE

07

07. Wiederholen Sie die letzten beiden Arbeitsschritte für eine zweite Reihe spitzer Blütenblätter.

08. Um einen schönen Rand zu erhalten, stellen Sie nochmals eine Reihe Einkerbungen mit dem **V-Messer (E3)** außen herum her.

08

KLEINER
WEIHNACHTSWICHTEL

Dieser kleiner Weihnachtswichtel stimmt auf die langen Wintertage ein. Wenn Sie seine Mütze mit Roter Beete rot färben, können Sie ihn auch als Weihnachtsmann oder Nikolaus einsetzen und Ihre Kinder damit erfreuen.

Schwierigkeitsgrad: ★ ★ ☆

Verwendetes Werkzeug
Zusätzlich: Gemüsekleber, Zahnstocher

A1,A2, A4   S   L   Ø12/Ø20

01

02

03

04

01. Sie benötigen für den Wichtel einen schwarzen Rettich, ein Stück Karotte, eine Gelbe Rübe, ein Blatt von einer Kohlrabi und zwei Pfefferkörner. Schneiden Sie den Rettich in zwei Teile, sodass der untere, dickere Teil ca. 10 cm lang ist.

02. Schneiden Sie für das Gesicht vorne mit dem **Kerbmesser** die Schale weg. Die Ränder sollten etwas „ausgefranst" wirken.

03. Stechen Sie mit dem **Rundmesser (A4)** die beiden Augenhöhlen aus.

04. Mit dem **Kugelformer (Ø 12)** stechen Sie die Augen aus dem Stück Karotte aus und befestigen Pfefferkörner als Pupillen. Die Nase stechen Sie mit dem **Kugelformer (Ø 20)** aus. Kleben Sie Augen und Nase mit Gemüsekleber fest.

03 KLEINE KUNSTWERKE: WINTER

05

06

07

08

05. Schneiden Sie mit dem **Thaimesser** einen nach oben gedrehten Schnurrbart ein. Den äußeren Bart schneiden Sie ebenfalls mit dem **Thaimesser**. Die Einschnitte sollten leicht geschwungene Linien sein.

06. Setzen Sie ein kleines Stück von der Gelben Rübe für den Mund ein.

07./08.
Hände und Füße schnitzen Sie ebenfalls aus der Gelben Rübe. Sie werden mit Zahnstochern oder Gemüsekleber am Wichtel befestigt.

09

KLEINER WEIHNACHTSWICHTEL

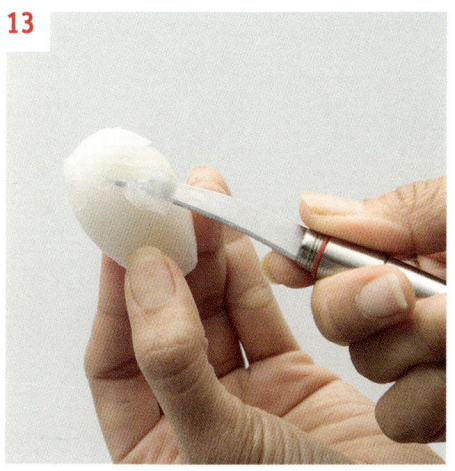

09. Schälen Sie nun die zweite Hälfte des Rettichs mit einem Gemüseschäler. Aus diesem Teil fertigen Sie den Hut des Wichtels. Stechen Sie mit dem zweitkleinsten **Rundmesser (A2)** rundherum ca. 3 mm tief ein.

10. Schneiden Sie von unten her mit dem **Thaimesser** in schräger Messerhaltung (Spitze nach oben) das Fruchtfleisch weg. Wiederholen Sie diese zwei Arbeitsschritte, bis der ganze Hut des Wichtels fertig geschnitzt ist.

11. Befestigen Sie nun mit einem Zahnstocher den Hut auf dem Kopf des Wichtels. Dazwischen legen Sie das Kohlrabiblatt. Fixieren Sie mit dem Gemüsekleber am Ende des Hutes eine gelbe Gemüseperle.

12./13.
Der Wichtel bekommt noch einen Tannenzapfen in die Hand. Hierfür nehmen Sie ein Stück Gemüse in ovaler Form. Schnitzen Sie die Struktur wie beim Hut mit dem kleinen **Rundmesser (A1)** und dem **Thaimesser**. Drehen Sie den Tannenzapfen dann auf den Kopf und befestigen Sie ihn mit einem Zahnstocher an der Hand des Wichtels.

DIE SCHNEEFLOCKE

Die Schnitztechnik, die Sie bei dieser schönen Schneeflocke anwenden sollten, ist die der einreihigen Blüten (siehe Seite 21). Stellen Sie die einfachen Schneeflocken ruhig in unterschiedlichen Größen her, so können Sie sie als winterliche Deko auf Tellern, in Schalen oder sogar an Sträuchern einsetzen.

Schwierigkeitsgrad: ★ ☆ ☆

Verwendetes Werkzeug
Zusätzlich: Gemüsekleber,
Zahnstocher, Gemüsemesser

E2
V

01

01. Verwenden Sie für die Schneeflocke weiße Gemüsesorten wie Kohlrabi oder Rettich.

02. Schneiden Sie aus dem Kohlrabi eine ca. 1 cm dicke Scheibe heraus. Schnitzen Sie dann mit dem **V-Messer (E2)** in gleichmäßigen Abständen acht Einkerbungen. Diese sollten jedoch nicht ganz bis zum Rand laufen!

02

03 KLEINE KUNSTWERKE: WINTER

03

04

05

06

03. Schnitzen Sie nun hinter den Einkerbungen erneut ein, und zwar soweit, bis sich die Linien dazwischen treffen. Dazu halten Sie das Schnitzmesser in etwas größerem Winkel zur Gemüsescheibe.

04. Schnitzen Sie dazwischen wieder Einkerbungen ein, die bis zum Rand reichen.

05./06.
Schnitzen Sie nun jeweils links, rechts und hinter der Einkerbung ein. Halten Sie das **Schnitzmesser** wieder in einem etwas größeren Winkel zur Gemüsescheibe.

DIE SCHNEEFLOCKE

07. Brechen Sie den Rand vorsichtig weg.

KARNEVAL
IN VENEDIG

Diese Karnevalsmaske orientiert sich am klassischen, venezianischen Karneval und kann natürlich beliebig abgewandelt werden. Wenn Sie möchten, verwenden Sie doch einfach nur einige Elemente, wie die Luftschlangen, und dekorieren Sie zur fünften Jahreszeit mit essbarer Tischdeko – die nebenbei noch die in den tollen Tagen notwendigen Vitamine liefert.

Schwierigkeitsgrad: ★ ★ ☆

Verwendetes Werkzeug
Zusätzlich: Gemüsemesser, Gemüsekleber, Zahnstocher

A1　E1　S　ø12　N1–N2

01

02

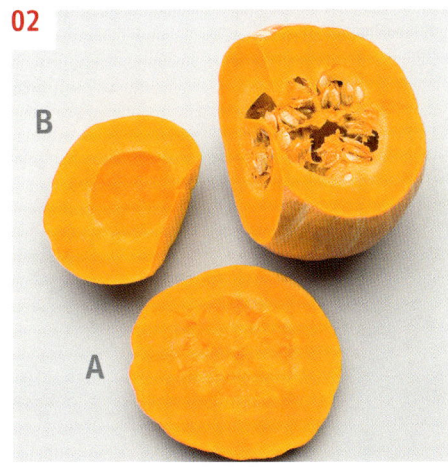

03

04

01. Achten Sie darauf, dass Ihr Kürbis nicht zu stark gerippt ist, sondern eine relativ glatte Oberfläche aufweist. Muss man diese Rippen wegschneiden, wird das übrige Fruchtfleisch sehr dünn.

02. Schneiden Sie mit dem Gemüsemesser die Unterseite (A) vom Kürbis ab. Diese ergibt dann die Rückseite der Maske. Dann schneiden Sie einen gut 7 bis 8 cm starken Teil einer Seite des Kürbisses (B) ab. Dieser wird die Maske.

03. Verwenden Sie für die Maske die Schablone von Seite 124.

04. Schneiden Sie die Schablone aus und legen Sie sie auf die Schnittseite des Kürbisses. So erhalten Sie eine symmetrische Maskenform.

03 KLEINE KUNSTWERKE: KARNEVAL

05

06

07

08

05. Schneiden Sie mit dem **Gemüsemesser** die Form der Maske aus.

06. Entfernen Sie mit dem **Gemüsemesser** die Schale auf der Vorderseite der Maske. Achten Sie dabei darauf, dass Sie eine relativ glatte Fläche erhalten.

07. Schneiden Sie mit dem **Thaimesser** die Augen aus. Schneiden Sie die Linien der Augenbrauen und den Verlauf der Nase ein.

08. Entfernen Sie mit dem **Thaimesser** ca. 1 cm tief das Fruchtfleisch unter den Augenbrauen bis zur Höhe der Nase.

09. Runden Sie die Nase mit dem **Thaimesser** ab. Schneiden Sie die Mittellinie des Mundes ein.

10. Schneiden Sie den Mund aus. Bei der Oberlippe halten Sie das **Thaimesser** mit der Spitze schräg nach unten – bei der Unterlippe nach oben. Machen Sie von der Oberlippe zur Nasenmitte eine Einkerbung mit dem kleinen **Rundmesser (A1)**.

KARNEVAL IN VENEDIG

09

10

11

11. Schneiden Sie unter der Unterlippe etwas Fruchtfleisch weg.

12. Ziehen Sie mit dem **Thaimesser** die obere Linie der Augenbrauen und entfernen Sie das Fruchtfleisch darüber 3 bis 4 mm tief.

13. Mit dem kleinen **V-Messer (E1)** ziehen Sie noch Linien um die Augen sowie weitere Linien entlang der Maske, ganz nach Ihrem Geschmack.

12

13

03 KLEINE KUNSTWERKE: KARNEVAL

14
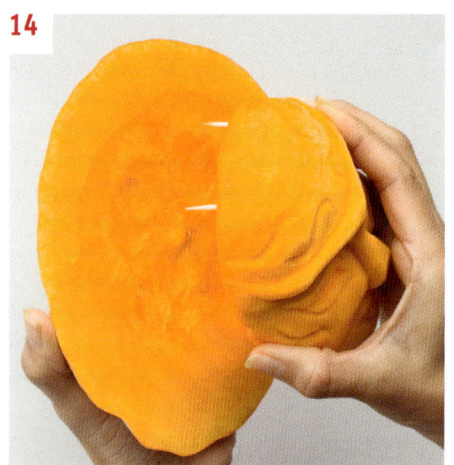

15

16

17

14./15.
Befestigen Sie die Maske mit Hilfe von Zahnstochern an der runden Kürbisscheibe.

16./17.
Gestalten Sie die Fläche rund um die Maske mit Hilfe des **Thaimessers** mit fächerartigen Einschnitten.

18. Schneiden Sie mit dem **Thaimesser** auch noch außen kleine Teile heraus, sodass Sie schöne Fächer erhalten.

18

KARNEVAL IN VENEDIG

19. Stechen Sie mit dem **Kugelformer (Ø 12)** verschiedenfarbige Gemüseperlen aus und platzieren Sie diese mit Hilfe des Gemüseklebers oder kleiner Stücke Zahnstocher an den Fächern sowie eine Perle auf der Stirn der Maske.

20./21.
Nun können Sie die Maske noch dekorieren. Einige kleine Blüten aus dem Kapitel „Die Basics" eignen sich sehr gut zur Verzierung. Fügen Sie auch noch einige „Gemüseschlangen" hinzu, die Sie mit der **kleinen** und **großen Kartoffelspirale** aus Gemüse drehen können.

TIPP

Wählen Sie für diese aufwändigeren Dekorations-Objekte immer Kürbisse, die schön fest sind, damit Sie beim Schnitzen klare Linien erhalten. Ist das Fruchtfleisch zu dünn, können Sie Gesichtszüge wie z. B. die Nase nur schwer und flach schnitzen. Wir empfehlen einen relativ glatten Muskat-Kürbis, den Sie auch zur Karnevalszeit bekommen können. Sollten Sie dennoch nicht fündig werden, eignet sich auch eine große, runde Gelbe Steckrübe sehr gut.

DIE VORLAGEN

FISCH 1

FISCH 2

GLOCKEN

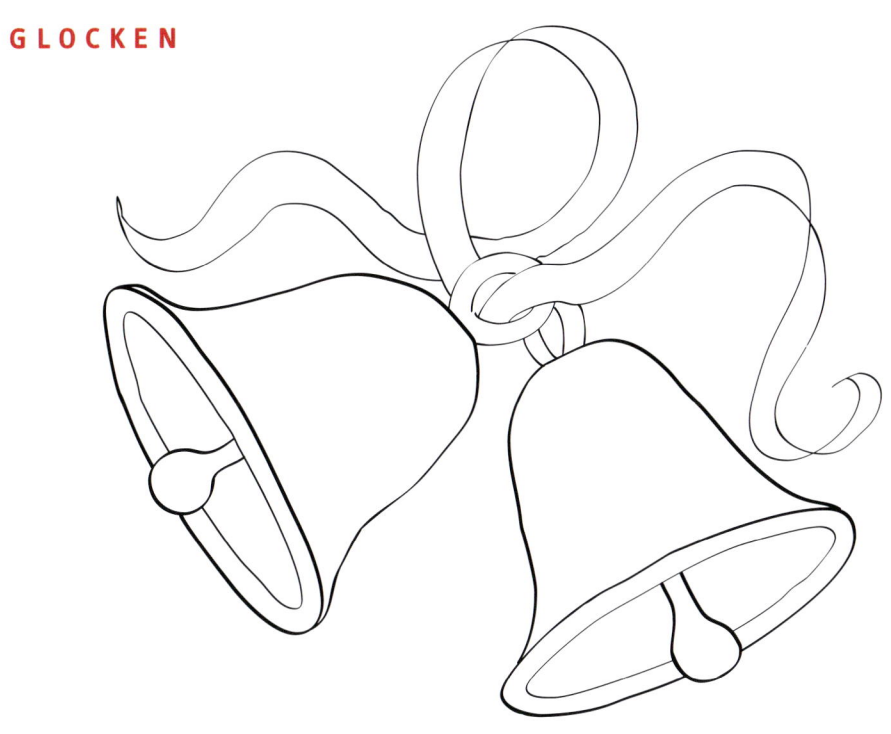

SONNE

DIE VORLAGEN

MOND

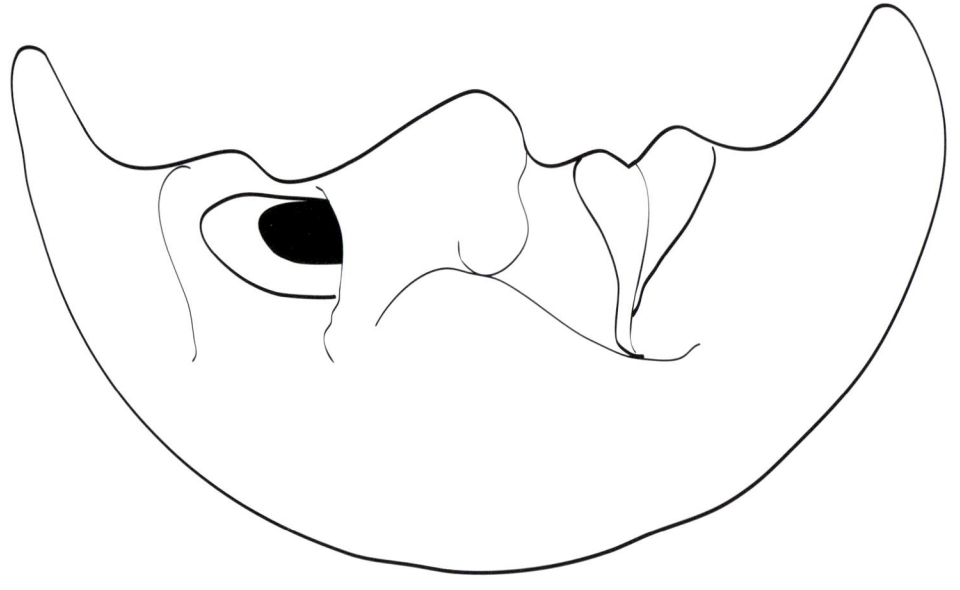

MASKE

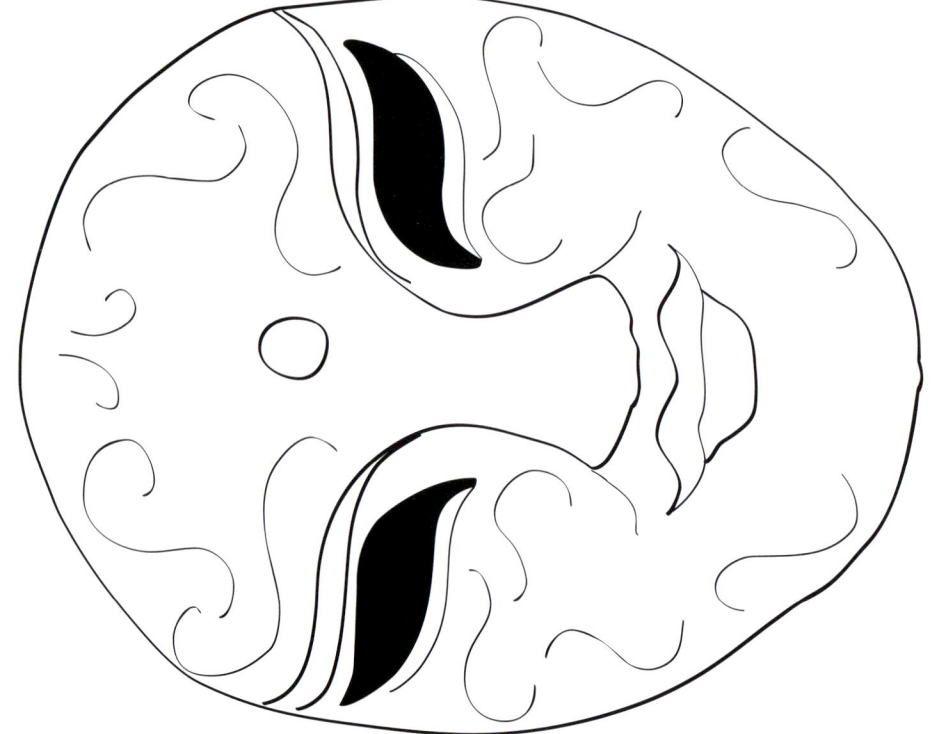

HEXE

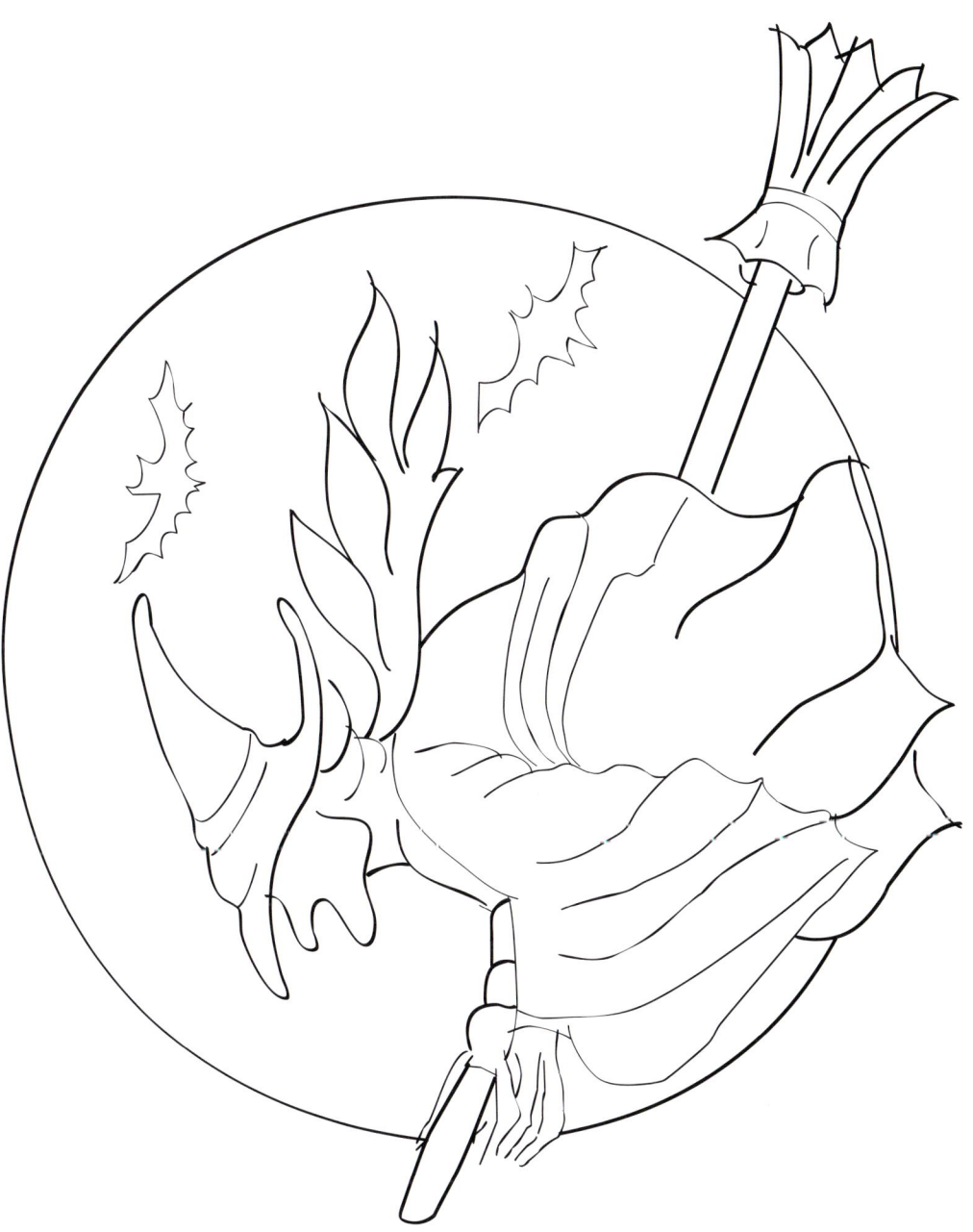

Angkana & Alex Neumayer – Kochen & Kunst

Erlernen Sie das **Obst & Gemüseschnitzen** in unseren **Aktiv-Kursen** in kleinen Gruppen. Vom Anfänger bis zum Profi. Programm und Kursorte finden Sie auf unserer Homepage **www.kochenundkunst.at**, unter Kurse/Termine. Es werden die verschiedensten Kursthemen hierfür angeboten.

Zu Firmen und privaten Gruppen von Hobbyköchen sowie Profis kommen wir auch gerne zu Ihnen. Kursdauer und Inhalt kann individuell abgestimmt werden.

Weiteres Angebot:
Kurse für
- Diverse asiatische Küchen
- East meets West, euroasiatisch kochen
- Modellieren von Butterskulpturen
- Schnitzen von Eis-Skulpturen

Für Veranstaltungen:
- Dekorationen aus geschnitztem Obst und Gemüse oder Eis für diverse Veranstaltungen
- „Live" Obst & Gemüse schnitzen sowie Asiatische Küchen für Veranstaltungen & Messen

Consulting für das Asia Food Business
- Rezeptentwicklung
- Workshops
- Consulting
- Thai-Food-Promotions

Online Shop

Wir sind spezialisiert auf Werkzeuge, Fachbücher und Zubehör zum Obst & Gemüseschnitzen, sowie andere ausgesuchte Dekor & Küchenwerkzeuge.

Versand von
- Schnitz & Dekor Werkzeugen für Obst & Gemüse
- Schnitzsets in verschiedenen Größen von kleinen Startersets bis zu Profi Sets
- Gemüseschnitzmesser, Thaimesser
- Große Auswahl an Gemüse-Ausstechern
- Gemüsekleber
- Diverse Dekor-Utensilien
- Fachbücher
- Küchenwerkzeuge

Beratung telefonisch unter 0043 6645120172 oder per e- mail: **info@kochenundkunst.at**

Unser Newsletter informiert über Neuigkeiten, Kurstermine, Fotos von Schnitz-Events und beinhaltet asiatische Rezepte zum Nachkochen. Anmeldung hierzu auf unserer Homepage, linke Spalte „Newsletter".

Kochen & Kunst
Angkana & Alex Neumayer
Strochnerweg 20 · 5630 Bad Hofgastein · Österreich
Tel.: 0043(0)6645120172
www.kochenundkunst.at · e-mail: info@kochenundkunst.at
UID Nummer: ATU 62137208

Die Schnitzmesser-Sets von triangle® zum kreativen Schnitzen, Garnieren und Dekorieren von Obst & Gemüse

25-teiliges Schnitzmesser-Set „Gourmet"

- Präzise gearbeitet, perfekt geschärfte Klingen
- Funktionsteile in Größe und Funktion aufeinander abgestimmt
- aus gehärtetem, rostfreiem Stahl
- Griffe aus hochwertigem Polypropylen und griffigem Santoprene
- Keramik Wetzstein zum konturgerechten Nachschärfen der Klingen
- Mit Schnitzanleitung

8-teiliges Schnitzmesser-Set „Professional"

- Speziell zum Ziehen feiner Linien und präziser Schnitte entwickelt
- Mit mittelspitzer und gebogener Klinge
- Klingen gehärtet und zur Spitze hin flexibel geschliffen
- Dadurch millimetergenaue Führung möglich

www.triangle-tools.de

Thaimesser, 2-teilig

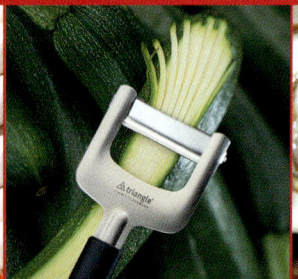

Hill Metallwaren GmbH
Friedenstr. 98 · 42699 Solingen · Germany
Telefon: +49 212 22 11 5-0 · Fax: +49 212 22 11 5-11 · E-Mail: info@triangle-tools.de